1864년 4월의 마르크스(46살).

1835년의 예니(21살).

F. 엥겔스.

마르크스(맨 왼쪽)와 엥겔스, 마르크스의 딸들.

마르크스의 첫째 딸 예니.

마르크스의 둘째 딸 라우라.

마르크스의 넷째 딸 엘레아너.

마르크스 집의 가정부로 일했던 헬레나 데무트.

마르크스의 첫째 사위 샤를 롱게(위)와
마르크스의 첫째 딸 예니 롱게(아래).

마르크스의 둘째 사위 폴 라파르그(위)와
마르크스의 둘째 딸 라우라 라파르그(아래).

마르크스의 셋째 사위 에드워드 에이블링(위)과
마르크스의 넷째 딸 엘레아너 에이블링(아래).

헬레나 데무트(위)와
F. 엥겔스(아래).

마르크스의 사랑

La vie amoureuse de Karl Marx

: Essai monographique

by Pierre Durand

World Copyright ⓒ Editions Julliard, Paris 1970
Korean Translation Copyright ⓒ 2013, Dourei Publication Co.
This Korean edition is published by arrangement with Editions Julliard through
Bookmaru Korea literary agency in Seoul.
All rights reserved.

이 책의 한국어판 저작권은 북마루코리아를 통해 Editions Julliard와 독점 계약한 도서
출판 두레가 갖고 있습니다. 신저작권법에 의해 한국 내에서 보호를 받는 저작물이므로
무단 전재와 복제를 할 수 없습니다.

마르크스의 사랑

피에르 뒤랑 지음 신대범 옮김

두레

| 일러두기 |

1. 지은이 주(註)는 각주[1), 2), 3), ……]로 처리했다.
2. 옮긴이 주는 본문 속의 괄호 안에 넣거나 각주[*, **, ***, ……]로 처리했으며, 모두 '옮긴이'라고 표시했다.
3. 본문의 사진이나 그림 등은 원저(原著)에는 없는 것으로, 역자와 두레출판사가 새로 추가한 것이다.
4. 책은 『 』, 글은 「 」, 잡지나 신문은 《 》등으로 표시했다.

지은이의 말

'사랑의 삶(la vie amoureuse)'을 방탕한 삶과 똑같이 여기는 사람들에게는 (그 말은 일반적으로 연애 생활이라는 뜻으로 사용되므로) 이 조그만 책의 제목이 역설적이라고 생각될 것이다.* 그리고 『자본론(Das Kapital)』을 집필하면서 여자들의 뒤를 쫓아다니는, 지금까지 알려지지 않았던 돈 후안(Don Juan) 같은 모습의 마르크스를 여기서 볼 수 있으리라 기대하는 독자는 그 기대가 빗나갔음을 알게 될 것이다.

왜냐하면 'la vie amoureuse'는 반드시 방탕한 생활을 의미

● ● ●

* 이 책의 원제가 *La vie amoureuse de Karl Marx*이다 — 옮긴이.

하는 것이 아니며, 사랑은 부부의 사랑일 수도 있다는 사실을 정확하게 이해해야 하기 때문이다. 가령 그런 사랑을 인정하는 것이 악취미라고 하더라도. 가장 큰 사랑은 아마도 인생에서 찾아오는 시련의 시기를 잘 견뎌 내는 사랑일 것이다.

어떤 사람들은 때때로 마르크스를 사례로 들어 이제 단혼(單婚)의 시대는 끝나려 하고 있다고 말한다. 그리고 어떤 종류의 성적(性的) '사회주의'—더 나아가 동성애적 '사회주의'—가 크게 유행하고 있다. '20인 가족(남녀가, 특히 남자가 많은 이성과 교섭을 갖는 그룹)'이라는 것이 햄릿의 나라(덴마크)의 진보주의의 마지막 도달점인 듯하다. 그리고 우리는 '체험'이라는 말을 싫증이 날 정도로 듣고 있다. 그것의 주된 이점은 그러한 체험을 하고 싶다는 기분을 일으키게 하거나, 그러한 체험을 계속하거나, 또는 그에 대해 말하는 자가 쉽게 돈을 벌 수 있게 해 주는 데 있는 것으로 보여진다.

그 같은 기도(企圖)가 새로운 것이 아니라는 것은 명백하다. 마르크스 자신도 이미 그의 시대에 결혼을 여성의 공유(共有)로 대치시키려는 의도를 갖고 있던 '난폭'하고 '야만적'이며 '반동적'인 공산주의를 비웃은 바 있다. 그는 일부다처제를 주장한 '혁명적'인 논설들에 대해서 야유를 퍼부었다. 그것은 원시 공산제도의 시대착오적인 메아리, 즉 멀리 유목민의 기억에 근원을 둔 회상을 미래의 것으로 잘못 안 시대착오적인 메아리에 지나지 않는다고 보았기 때문이다.

물론 마르크스는, '법률'이 재산만을 안중에 두는 제도에서 자칫하면 사랑과는 아무런 관계도 없는 이해관계를 공인(公認)할 뿐인 위선적인 부르주아적 결혼도 용납하지 않았다. 그러므로 그 유명한 『공산당 선언』도 결혼과 가족에 대한 자본주의적인 사고방식을 통렬히 비판하고 있다.

이렇게 말한다고 해서 필자의 의도가 이 책에서 사랑에 대한 이론을 전개하거나, 마르크스의 사생활을 '모범'으로 치켜세우는 데 있는 것은 아니다.

사랑을 단순한 성적 결합의 수준으로 끌어내려, 따라서 필연적으로 그 가치를 하락시키는 것도 한 시대의 그리고 불가피하게 과도기적인 풍습의 한계를 고정시켜 사랑을 헛되이 이상화하는 것과 마찬가지로 필자에겐 진지한 태도로 보이지 않는다.

엥겔스는 그의 책 『가족, 사유재산, 국가의 기원』에서 다음과 같이 고찰했다. 즉 이해와 이기주의와 영리욕(營利慾)이 사라진 새로운 사회에서야말로 단혼(일부일처제)의 탁월한 형태가 생겨날 것이라고. 하지만 그는 예언자처럼 모든 것을 예언하려고 하지는 않았다.

그리하여 앞으로 자본주의적 생산을 지양한 후에 자리 잡을 양성 관계의 형태에 대해 우리가 지금 예상할 수 있는 것은 주로 부정적인 측면들로, 대부분 소멸하게 될 것들이다. 그러나 새로 나타나게 될 것은 어떤 것들인가? 그것은 남녀의 새로운 세대가 자라나서, 남자는 일생을 두고 금전이나 기타 사회적 권력수단으로 여자를 사는 일이 없고, 여자는 진정한 사랑 이외에는 다른 어떠한 동기로도 결코 남자에게 몸을 맡기지 않으며, 경제적 결과에 대한 두려움 때문에 사랑하는 사람에게 몸을 거부하지 않을 때 확정될 것이다. 이러한 사람들이 출현할 때면 지금 의무로 간주되고 있는 것들에 대해 그들은 조금도 애태우지 않을 것이다. 그들은 어떻게 해야 할 것인가를 스스로 알 것이며, 또 이에 따라서 각자의 행동에 관한 여론을 스스로 조성할 것이다. 오직 그것뿐이다.

우리는 아직 거기까지는 도달하지 않았다.

우리의 의도는 스탕달이 구별한 것과 같은 허영의 연애라든가, 정열의 연애라든가, 취미의 연애라든가 하는 따위의 구별에는 구애받지 않고 카를 마르크스의 사랑의 생애가 어떤 것이었는가를 될 수 있는 대로 냉정하게 이야기하는 데 있었다. 그 결과 우리가 발견한 것은, 행복과 비참으로, 열광과 절망으로, 위대와 왜소로 짜여진 '지극한 사랑'이라는 것이었다.

카를 마르크스가 과학적인 천재였다는 것, 그리고 그의 갖가지 발견이 낡은 세계를 뒤흔들어 놓았다는 것은 누구도, 심지어는 그의 적조차도 의심치 않는다. 그러나 많은 사람들은 그가 인간이기도 했다는 것을 무시하고 있다.

카를 마르크스의 감정 생활(la vie sentimentale)의 측면에서만 바라본 이 전기를 통해서 독자에게 알리고 싶은 것은 '인간 마르크스'이다. 극적인 일생의 여러 우여곡절 속에서 부인인 예니에게 느꼈던 사랑으로 인해, 그리고 감탄할 만큼 그에 보답한 예니의 사랑으로 인해 자기 존재의 가장 깊은 의미를 찾아낸 인간 마르크스이다.

1970년 1월, 파리에서
피에르 뒤랑

| 차례 |

지은이의 말 • 5

1장	사랑과 죽음	13
2장	약혼 전후의 시기	21
3장	결혼, 그리고 엥겔스와의 만남	61
4장	쫓기는 삶: 브뤼셀, 파리, 런던	85
5장	어두운 나날	111
6장	헬레나 데무트	139
7장	아버지로서의 마르크스	157
8장	지극한 사랑	177
9장	사랑의 이론	195
10장	만년(晩年)	211
11장	마르크스의 고백	229

주요 인물들 연표 • 259
참고문헌 • 262
옮긴이의 말 • 265

1장

사랑과 죽음

> 나는 그처럼 몹시 너를 그리워하고,
> 그처럼 걷고, 그처럼 말하고,
> 그처럼 너의 그림자를 사랑해 왔으므로
> 이제 나에겐 너의 것이라곤 아무것도 남아 있지 않다.
>
> — 로베르 데스노스[*]

Der Mohr ist auch gestorben……(모르도 죽었다……)

모르¹⁾는 오래 살지 못할 것이다……. 모르는 바로 카를 마르크스를 가리키는 말이다. 마르크스의 아내 예니는 그 전날 죽었다. 마지막 숨을 거두면서 예니는 말했다.

∙ ∙ ∙
* 프랑스의 시인(1900~1945)으로 초기 초현실주의 운동에 참여해 큰 영향을 주었다—옮긴이.
1) 마르크스가 햇볕에 그을은 것과 같은 얼굴을 하고 있었기 때문에 그의 친구들이 붙인 별명이다[모르는 북아프리카에 사는 피부가 검은 인종, 즉 무어(Moor) 인이다. 그러나 흑인과는 다르다. 마르크스의 얼굴이 검붉었기 때문에 친구들은 그를 이 별명으로 많이 불렀다—옮긴이].

1장 사랑과 죽음

1875년의 카를 마르크스(57살).

카를······.

급히 런던으로 달려온 충실한 친구 프리드리히 엥겔스의 말은 빗나간 말이 아니었다. 예니(마르크스의 부인 예니의 전체 이름은 Jenny von Westphalen—옮긴이)의 죽음은 곧 마르크스의 최후였다. 예니 없이 마르크스는 죽은 것이나 다름없었다.

1880년 4월, 예니가 죽기 1년 전 마르크스는 친구인 조르게 (F. A. Sorge)에게 보낸 편지에서 아내의 병―그녀는 암에 걸려 있었다―은 정신적으로 자신을 죽인다고 썼다. 2년 이상이나 마르크스는 아내를 살려 내려고 온갖 방법을 다 써 왔다. 1877년에는 슈바르츠발트*에 있는 온천장 노이에나르에 데리고 갔으나, 의사들이 알려준 요법도 아무런 효험이 없었다. 마르크스가 전폭적으로 신뢰했던 굼페르트(Gumpert) 박사는 간장질환이라고 진단했다. 그래서 카를은 카를스바트**의 유명한 전문의인 플레클레스(Flecles) 박사에게 진찰을 부탁했다. 예니의 상태가 카를스바트까지 여행하는 것을 허용치 않았기 때문에 박사는 그녀에게 정확한 질문서를 보냈다. 그녀는 이상하리만큼 명민하게 이에 대답했다.

……마지막 날이 가까워질수록 사람은 이 눈물의 골짜기(인생)에 집착을 느끼는가 봐요.

1880년 가을, 예니는 이미 침대를 떠날 수가 없는 상황이었

● ● ●

* 슈바르츠발트(Schwarzwald)는 독일 서남부, 라인 지구대의 동쪽에 있는 삼림 지대이며, 온천, 호수 등이 많은 관광 휴양지이다―옮긴이.
** 카를스바트(Karlsbad)는 카를로비바리(Karlovy Vary)의 독일어 이름으로, 체코 서쪽에 있는 도시이다. 한때 활발했던 화산 활동의 영향으로 온천이 발달했다―옮긴이.

1893년의 프리드리히 엥겔스(73살).

다. 마르크스도 폐충혈로 다 죽어가는 상태였기 때문에 예니의 방 곁에 있는 작은 방으로 옮겨졌다. 그러나 그는 그 위기를 벗어났다. 마르크스의 딸 엘레아너(Eleanor)는 나중에 다음과 같이 썼다.

절대로 나는 잊지 않을 것이다. 아버지가 어머니의 방으로 걸어 들어갈 수 있을 만큼 몸이 좋아졌던 그날 아침을. 두 분은 다시 함께 있게 되었고, 다시 젊어진 듯했다. 어머니는 사랑하는 처녀, 아버지는 사랑하는 젊은이로서 함께 손을 맞잡고 인생의 길을 내디디려는 사람들 같았다―그들은 이제 삶에 작별을 고하려고 하는, 가까스로 병환을 이겨낸 노인과 빈사의 노부인이라고는 도무지 여겨지지 않았다 (『마르크스의 회상』).

결정적인 이별의 때에는 아직 이르지 않았다. 예니는 프랑스에 살고 있는 두 딸들(장녀 예니, 차녀 라우라)을 꼭 만나고 싶다고 졸랐다. 그 무서운 병세가 일시적으로 누그러져 그녀가 병실을 드나들 수 있게 되자, 마르크스는 그녀를 부축하고 다녔다. 여행은 더없이 순조로웠다. 파리에서 진료를 맡았던 프랑스 의사가 아편을 주성분으로 하는 약을 그녀에게 복용시켰기 때문에 통증이 많이 가라앉았던 것이다.

마르크스는 무개(無蓋)마차에 그녀를 태우고 그랑 불바르(grands boulevards)를 구경 삼아 돌아다녔다. 여름이었기 때문에 날씨가 퍽 좋았다. 두 사람은 어느 카페의 테라스에 앉아 잠시 쉬었는데 젊은 날의 갖가지 추억이 머릿속에 떠올랐다.

사랑은 죽음과 함께 머지않아 종말을 고할 것이다. 그것은 지극한 사랑이었다.

2장

약혼 전후의 시기

내 영혼은 그 때문에 끝내 슬프다.
내 영혼은 피로에 지쳐서 끝내 슬프다.
내 영혼은 공허함에 끝내 지쳐 있다.
내 영혼은 끝내 슬프게 지쳐 있다.
그러기에 나는 내 얼굴 위에 너의 손이 놓여지기를 기다리고 있다.

– 모리스 마테를링크*

1863년 12월, 카를 마르크스는 어머니의 장례 때문에 트리어(Trier)로 갔다. 그곳은 1818년 5월 5일 그가 태어난 마을이었다. 그는 런던에 남아 있는 아내에게 보낸 편지에 다음과 같이 썼다.

뢰메르슈트라세(Römerstrasse, 로마 인 거리)에 있는 베스트팔렌(Westphalen) 집안(예니의 친가—옮긴이)의 오래된 집 앞에서 나날을 보내고 있소. 그 집이 어떤 로마 인의 유적보다도 나의

* 벨기에의 시인이자 극작가(1862~1949)이며, 1911년 노벨 문학상을 받았다—옮긴이.

2장 약혼 전후의 시기

모젤 강변에 있는 옛 트리어 시 (1832).

흥미를 끄는 것은 내 청춘의 가장 행복했던 시절을 회상케 해 주는 집이고 내가 가장 사랑하는 사람이 살았던 집이기 때문이오. 그리고 날마다 여기저기서 지난날 트리어에서 가장 아름다웠던 처녀의, 무도회의 여왕의 소식을 내게 묻곤 한다오. 내 아내가 내게 '매혹의 공주'인 것처럼 온 마을 사람들에게도 기억되고 있음을 안다는 것은 남자로서 몹시 유쾌한 일이라오.

마르크스가 예니에게 사랑을 고백한 지 30년 이상의 세월이 흘렀다. 그러나 마르크스는 여전히 예니를 사랑하고 있었기 때문에 '무도회의 여왕'의 추억담이 화제에 오르기라도 하면 자랑스러워 가슴이 한껏 부풀어오르곤 했다. 그도 그럴 것이 예니를 얻는다는 것은 쉬운 일이 아니었기 때문이다.

트리어는 당시 인구 1만 2천의 사랑스러운 소도시로 그 마을의 생활 모습에는 즐거움이 넘쳐흐르고 있었다. 그곳은 포도주의 고장이었고, 오랜 라틴 문화가 남아 있는 지방이었다. 그 옛날 로마 인이 건설한 검은 문(Porta Nigra)은 프랑스의 혁명군 부대가 통과한 것을 지켜 본 문으로, 이성의 정신이 나폴레옹 뒤의 반동에 항거하고 있었다.
  혁명적이기보다는 자유주의적 성향의 변호사였던 마르크스의 아버지는 18세기의 철학자들을 숭배하는 가운데 아들을 교

마르크스가 태어난 집(트리어 시 브뤼켄슈트라세 10번지).
마르크스는 이 집에서 1819년까지 살았다.

육시켰다. 그의 동료이며 참사관인 베스트팔렌 남작이 마르크스를 귀여워하여 호메로스나 셰익스피어, 세르반테스를 마르크스에게 읽혔다. 게다가 두 가족은 서로 멀리 떨어지지 않은 곳에서 살았다. 브뤼켄슈트라세(Brückenstrasse) 10번지에 있는 마르크스의 집에서 노이에슈트라세(Neuestrasse) 83번지에 있는 베스트팔렌의 집으로 가는 데는 몇 분밖에 걸리지 않았다.[1] 두 집 모두 지금도 그대로 남아 있다.

그러나 젊은 마르크스는 곧 문학적 낭만주의보다는 개인적 낭만주의를 선택하게 되었다. 베스트팔렌 남작에게는 마르크스의 누나인 조피의 학교 친구로서 마르크스보다도 네 살 위인, 너무 매혹적이고 귀여운 딸이 있었기 때문이다.

어린 마르크스는 사랑의 푸른 낙원에 승리자가 되어 들어갔다. 구름 한 점 없이 밝은 마음으로 두 사람은 자연의 힘에 떠밀려 친구로서의 우정에서 점차 사랑의 감정으로 옮아갔다. 마르크스는 아직 어린 사내아이였음에도 불구하고, 예니가 눈부신 모습으로 사교계에 얼굴을 나타내어—그녀는 16살, 그는 12살이었다—무도회에서 트리어 상류사회의 돈 많은 멋쟁이

▪▪▪
[1] 1969년 당시 트리어에는 마르크스라는 성을 가진 사람이 180명이나 살고 있었다. 카를 마르크스의 생가에도 헤르만 마르크스(Hermann Marx)라는 사람이 살고 있었다. 그러나 그들 가운데 『자본론』 저자의 자손은 한 사람도 없는 것 같다.

마르크스가 김나지움 졸업자격심사를 받기 위해 써낸 에세이,
「직업 선택을 앞둔 한 젊은이의 성찰」 첫 페이지.

젊은이들로부터 찬사를 받는 것을 볼 때마다 시기심 때문에
죽을 것만 같았다.

이제 마르크스는 16살, 그녀는 20살이 되었다. 그해 그는 그녀
에게 사랑을 고백했던 것일까? 그것을 증명해 줄 자료는 아무
것도 남아 있지 않다. 아무튼 대학 입학자격을 얻어 본으로 출
발했을 때, 그는 상처입은 젊은 신(神)처럼 어두운 얼굴을 하고
있었다. 그 자신은 본에서 문학을 공부하려고 생각했던 것 같
으나 아버지는 그에게 법률 공부를 시키려고 했다. 백마관(白
馬館)에 하숙을 한 그는 공부를 열심히 했다. 당시 그의 눈매는

마르크스가 졸업한, 트리어에 있는 프리드리히 빌헬름 김나지움.

엄격해 보였다. 학생들이 떠들어 대는데도 그는 콧수염이 갓 자란 입을 꽉 다물고 있었다.

처음에 그는 학생들의 놀이 속에 끼어들지 않았다. 공부에 몰두한 데다가 강의를 아홉 과목이나 등록해 열심히 청강했기 때문에 병이 날 지경이었다. 아버지는 공부를 적당히 하라고 그에게 충고하지 않을 수 없었다.

그러나 공부에 대한 그 같은 열정이 어느 날부터 저절로 식어 갔다. 트리어로부터 어떤 불안한 소식을 들었기 때문이었을까? '무도회의 여왕'이 시기심의 씨를 심어 주었기 때문이었을까? 어쨌든 마르크스는 하루하루를 몹시 즐겁게 보내게 되

1840년의 본.

었고, 술을 마시는 일도 잦았다. 어느 날 밤에는 술에 취해 밤새 떠들어 대다가 경찰에 붙들려 하룻동안 유치장 신세를 지기도 했다.

그러나 사람들의 탄성을 자아내고, 이야기의 화제가 되었던 예니는 마르크스를 잊지 않고 있었다. 그녀는 마르크스의 누나에게 그의 소식을 묻곤 했다. 하지만 그 젊은 남자친구의 당돌한 행동을 진정으로 이해하지는 못했다. 이별은 오래 계속되지 않았다. 2학년이 끝나자 마르크스는 트리어로 돌아왔다. 하지만 새 학년이 시작되면서 그는 공부를 계속하기 위해 베를린으로 갔다.

마르크스는 방학 기간에 라인의 청명한 하늘 아래에서 예니와 약혼했다. 괴테가 노래한 저 '행복한 지방(heureuse contrée)'에서였다. 마르크스가 구혼했고 예니는 이를 받아들였다. 그러나 거기엔 걱정거리가 없지 않았다. 약혼은 비밀에 붙여졌다.

베스트팔렌 집안은 프로이센의 귀족이었다. 예니의 이복오빠 페르디난트(Ferdinand, 그의 아버지는 네 아이의 어머니인 첫 아내가 죽자 재혼했다)는 1848년의 혁명 기간에 프로이센의 내무장관으로 내정되어 있었다. 그리고 이 이름난 반동적 인물은 전 생애에 걸쳐 마르크스의 공공연한 적이 되었다. 예니의 이복언니인 리제트(Lisette)와 프란치스카(Franziska) 역시 그 가정의 정치

1836년, 카를 마르크스와 약혼했을 때의 예니 폰 베스트팔렌(22살).

적 전통을 충실히 따랐다. 리제트는 폰 크로지히(von Krosig)가 (家)의 사람과 결혼했다. 그 사람은 프로이센에서 부유한 시골 신사 중 한 사람이었다.

 그러나 예니의 아버지 루드비히 폰 베스트팔렌(Ludwig von Westphalen)은 가족 가운데서 예외적인 사람이었다. 프랑스에서 온 사상가들이 그에게 커다란 영향을 끼쳤기 때문일 것이다. 프로이센이 나폴레옹에게 패한 뒤 1806~1807년에 그는 나폴레옹을 섬겼는데, 처음엔 할베르슈타트(Halberstadt) 지방 정부(베스트팔리아 왕국)의 사무총장이 되었다가 다음엔 잘츠베델(Salzwedel)의 프랑스 측 부지사가 되었다. 잘츠베델은 마그데부르크(Magdeburg, 알트마르크) 지방의 매력 있는 소도시로, 거기엔 예니-마르크스슈트라세라는 거리가 있으며, 오늘날에도 그곳에서 가장 아름다운 바로크 양식의 저택이 남아 있다. 그 집은 그 무렵 부인을 잃고 2년간을 혼자 살아가던 39살의 폰 베스트팔렌이 새로 이사온 집이었다. 그 후 얼마 안 되어 그는 재산 없는 말단 귀족의 딸, 즉 평민의 딸이나 다름없는 카롤리네 호이벨(Caroline Heubel)과 재혼했다. 그녀는 뛰어난 미인이었으며, 전처 소생의 아이들도 사랑했다. 1814년 2월 12일 그녀는 딸 예니를 낳았다. 잘츠베델의 성마리아 교회에 보관되어 있는 영세부(領洗簿)에는 예니가 요한나 베르타 율리아 예니라는 세례명을 받은 것으로 되어 있다. 그러나 그녀는 마지막

예니 폰 베스트팔렌은 이 집에서 1814년 2월 12일 태어났다.

이름인 예니로 불렸다.

그 무렵 시대는 몹시 혼란스러웠으며, 라이프치히의 전투가 나폴레옹 시대의 종말을 예고하고 있었다. 독일인은 외국의 폭군에 항거해 일어섰다. 루드비히 폰 베스트팔렌은 프랑스의 관리이기는 했으나 독일인임에는 변함이 없었다. 그는 그 도시의 민족주의자이자 민주주의자인 친지들과 함께 많든 적든 저항운동을 시도했고, 다부 원수(maréchal Davout, 나폴레옹 휘하의 장군 가운데 제1급이라고 일컬어진 인물)와 절충해서 잘츠베델 시의 안전을 꾀하려다 투옥되었다. 석 달 후 그는 석방되었지만 얼마 후 또다시 투옥되었다. 그는 1814년 가을에야 가까스로 가족 곁으로 돌아왔다.

프로이센 왕*은 그러나 오래지 않아 자유주의자들에게 환멸을 안겨 주었다. 약속된 헌법은 만들어지지 않았고 진보주의자들은 국가기관으로부터 경원시되었다. 루드비히 폰 베스트팔렌도 단죄된 사람들 중의 한 사람이었다. 1816년 4월, 그는 가족과 함께 잘츠베델을 떠나 프랑스 대혁명의 사상이 깊은 흔적을 남기고 있는 트리어로 낙향하지 않으면 안 되었다. 그는 거기서 지방정부의 수석참사관이 되었는데, 예니는 그때 두 살이었다. 사물을 판별할 수 있을 무렵부터 예니는 젊은 날을 줄곧 라인 지방에서 보냈다. 그녀는 스스로 다음과 같이 고백했다.

'작은 베네치아'라고 불리는 한자동맹**의 고도(古都) 잘츠베델과 그 고요한 이에체(Jeetze) 천(川)에 대한 것은 아무것도 기억에 남아 있지 않다.

● ● ●

* 프리드리히 빌헬름 3세(1770~1840)를 말하며, 행정, 군제(軍制), 농민정책 등에서 개혁에 착수했으나 모두 실패했다—옮긴이.
** 13~15세기에 독일 북부의 도시들과 외국에 있는 독일의 산업집단이 상호교역의 이익을 지키기 위해 결성한 동맹—옮긴이.

예니의 어머니 카롤리네 폰 베스트팔렌(왼쪽)과
예니의 아버지 요한 루드비히 폰 베스트팔렌(오른쪽).

마르크스 집안은 아주 색다른 가문이었다. 아버지 쪽으로나 어머니 쪽으로나 오래된 유대교 랍비(rabbi, 율법사) 집안의 자손이었다. 친할아버지인 마르크스 레비(Marx Levy)도 뒤를 이어 랍비였다. 마르크스의 아버지 히르셸(Hirschel, 나중에 하인리히로 개명)은 그 고장에서 변호사가 되었다. 그리고 그는 16세기에 헝가리로부터 이주해 온 네덜란드 유대교 랍비의 전통 있는 가문에 속하는 헨리에테 프레스부르크(Henriette Presburg)를 아내로 맞아들였다.

히르셸 마르크스는 마침내 트리어의 변호사회 회장에 뽑혔고, 동시에 트리어 시의 법률고문으로 추대되었다. 볼테르, 디드로, 루소, 레싱의 열성적인 애독자였던 그는 자유주의적인 사상을 신봉했으며, 나폴레옹에 대해서도 또 프로이센 왕에 대해서도 적의를 품고 있었다. 1834년 그는 어떤 연회에 참석했는데, 그 자리에 있었던 사람들이 〈라 마르세예즈〉*를 부르는 바람에 그가 심한 문책을 받기도 했다.

어떻든 마르크스의 아버지는 매우 실증적인 정신을 가진 사람이었다. 훨씬 전부터 이미 유대교를 신봉하지 않았던 그는 1817년에 프로테스탄트로 개종했다. 그의 아내는 1824년에, 아이들은 1825년에 프로테스탄트가 되었다. 시인 하이네**도 역시 프로테스탄트로 개종하지 않을 수 없었다. 그리고 이런 세례 증명서는 유럽 문명으로 들어가는 입장권이나 다름없는 것으로 평가되었다. 요컨대 히르셀 마르크스가 만약 유대교도로 머물러 있었다면 그는 그 같은 직위에 결코 앉지 못했을 것이다. 반유대주의는 그때부터 벌써 독일에 깊이 뿌리를 내리고 있었던 것이다. 게다가 1827년 이후는 유대인의 공직 취임이 일체 금지되었다.

마르크스 집안과 베스트팔렌 집안 사이에는 그 때문에 공통적

━━━━━
* 프랑스 대혁명 당시 불렀던 혁명운동가로 훗날 프랑스의 국가(國歌)가 되었다 – 옮긴이.
** 독일의 유대계 서정시인(1797~1856). 유대인이었기 때문에 고초를 겪기도 하며 살았다. 후에 혁명적 언사가 문제가 되어 파리로 망명했으며, 그곳에서 생을 마쳤다 – 옮긴이.

2장 약혼 전후의 시기

인 사상이 있는 반면 편견이 깊이 자리하고 있었다. 예니의 아버지는 개인적으로는 그런 편견에 사로잡혀 있지는 않았다. 그럼에도 모든 종류의 사회적인 금기가 젊은 두 사람 사이를 가로막고 있었다. 특히 나이 차이가 커다란 장애였다.

마르크스가 예니와 결혼하고 싶다고 그의 아버지에게 털어놓았을 때, 아버지는 사태가 아들이 생각하고 있는 것만큼 그렇게 쉽게 전개되지 않으리라는 것을 금방 알아챘다. 그는 아들의 계획에 반대하지는 않았으나, 될 수 있는 대로 신중하게 행동하라고 조언했다.

예니는 예니대로 그 일을 부모에게 말하기는 아직 때가 이르다고 생각했다. 그녀는 결혼 계획의 모든 위험을 빈틈없이 생각하고 또 예상했다. 그러나 그녀는 마르크스를 사랑하고 있었다. 그렇기 때문에 이제 막 그리스도교도가 됐을 뿐인 유대인과 대대로 프로테스탄트 집안인 베스트팔렌의 자손 사이의, 평민 학생과 귀족의 딸의, 연상의 처녀와 연하 남자의 사랑은 낭만성에 으레 따르게 마련인 온갖 위험의 후광에 둘러싸여 있었다. 마르크스에게는 그녀를 얻는 것이 기사(騎士)의 승리와도 같은 가치 있는 것이었고, 예니에게는 결혼 약속이 어쩐지 영웅적인 것처럼 보였다. 괴테의 베르테르는 아주 죽어버린 것이 아니었다.

1840년의 베를린.

1836년 10월, 마르크스는 베를린으로 출발했다. 그곳에서는 헤겔의 유혹이 그를 기다리고 있었다. 마르크스는 베를린에서 부지런히 공부했으나 한편으로는 예니의 일을 많이 생각했다. 그는 아버지에게 보낸 편지에 이렇게 썼다.

　아버지 곁을 떠났을 때 하나의 새로운 세계가 저를 위해 태어나고 있었습니다. 사랑의 세계가, 그리고 향수 같은 도취가, 희망 없는 사랑이 태어나고 있었습니다. 예사로울 때라면 더없이 저의 마음을 빼앗고 또 사는 기쁨이 저를 흥분시켰을 베를린으로 떠나는 여행인데도 저의 마음은 차가운 상태에 있었습니다.…… 눈에 보이는 높은 산의 바위들도 제 영혼이 느낀 감정 이상으로 깎아지른 듯 험하지는 않았고, 커다란 여러 도시들도 저의 피 이상으로 들끓지는 않았습니다. 경제학의 통계표도 제가 가슴에 안고 있는 환영 이상으로 음울하지는 않았습니다. 그리고 통계표도 저 환영과 마찬가지로 두서없는 것으로 보였습니다. 요컨대 예술도 예니처럼 아름답지는 않았습니다.

조심성 많은 예니는 마르크스가 직접 그녀에게 편지 보내는 것을 막았다. 예니는 때때로 마르크스의 집에 가서 마르크스의 아버지가 보여 주는 마르크스의 편지를 읽었다. 그녀는 마르크스에게 다정한 편지를 보내고 싶었지만 감히 보내지 못했다. 마르크스의 누나 조피는 동생 마르크스에게 보낸 편지에 다음과 같이 썼다.

보고 싶은 카를. 지난번의 네 편지를 읽고 나는 슬피 울었다. 내가 너를 잊고 있다니, 어째서 네게 그런 생각이 들었을까? 너의 예니의 소식을 알려 달라고? 내가 생각하는 것이라곤 너희 두 사람에 대한 일뿐이다. 꿈마저 너희들에 대한 것을 꾼단다. 예니는 너를 사랑하고 있단다. 나이 차이가 그녀에게 걱정을 안겨 주고 있다면, 그것은 그녀의 부모 때문일 거야. 그녀는 부모의 마음이 네 쪽으로 쏠리도록 끊임없이 애쓰고 있단다. 그러니까 너도 그녀의 부모에게 한 번 편지를 써보려무나. 그녀의 부모는 너를 꽤나 높이 평가하고 있는 모양이더라. 예니는 우리 집에 자주 찾아온단다. 어제도 우리 집에 와서 〈기쁨과 고통의 눈물〉이라는 너의 시를 읽고 울었단다.…… 예니는 항상 10시가 되기 전에는 절대로 우리 집을 떠나지 않으려고 한다. 너는 그 일을 어떻게 생각하니?……

마르크스는 계속해서 시를 써서 집에 보내고 있었다. 훗날, 노년에 두 사람은 다시 함께 그 시들을 읽으면서 웃곤 했다. 예니가 그 시들을 보관하고 있었기 때문이다. 그 시들은 대부분 그 후 찢어 없애 버려졌지만, 1836년 마르크스는 시를 쓴 수첩 3권을 예니에게 보냈다. 「리트(Lied)의 책」과 「사랑의 책」(2권)이었다. 그로부터 1년 후 그는 또 한 권의 시집을 아버지에게 보냈다. 그것은 부분적이긴 하나 그의 최초의 작품들, 즉 〈루딘테〉, 〈마녀의 노래〉, 〈하프를 타는 두 여인〉, 〈별을 위한 노래〉, 〈창백한 처녀〉 등을 수록한 것이었다.

  정열에 불타오른 젊은 마르크스는 그 시들에서 당시의 감상적인 풍조를 받아들이고 있었다. 그 시들의 주요한 주제는 사랑에 대한 절망이었다. 주인공은 마녀의 거짓 노래에도 아랑

마르크스가 다닌 베를린 대학의 옛 모습. 그는 이 대학에서 법학과 철학, 역사를 공부했다.

곳하지 않고 사랑하는 그녀에게 어디까지나 충정을 바친다. 기사는 약혼녀가 그를 배신하고 그의 경쟁자인 남자와 결혼식을 올리는 성당 안에서 자살한다. 별도 불행한 사랑에 대해서 냉정하기만 하며, 창백한 여인은 사랑에 대한 절망 때문에 자살한다.

그러나 1837년, 이제 더욱 성숙해진 마르크스는 아버지에게 다음과 같은 편지를 보낸다.

저의 천분(天分)과 저의 예술은 작년 이맘때 저의 연애 감정이 그랬던 것과 마찬가지로 원대한 이상을 좇고 있습니다. 흐릿하게 무한으로 사라져 가는 하나의 사상(事象), 현재의 시간에 대한 고발, 막연해서 잘 잡히지 않는 감정, 자연스런 것의 완전한 결여, 구름 속의 공상, 이상과 현실의, 수사학과 시적 영감을 대신하는 추론의 절대적인 대립, 그렇기는 하지만 일종의 열화와 같은 감정과 서정적 고양(高揚)을 위한 노력, 그와 같은 것들이 예니가 처음 받아든 수첩 3권에 적혀 있는 시들의 특징입니다.

그러나 그는 그토록 사랑에만 열중해 있었던 것은 아니었다. 그는 자기를 둘러싸고 있는 세계를 비판적으로 보기 시작했다. 그리고 그는 자기의 개인적인 태도를 스스로 분석하지 않고는 견딜 수 없었다. 아마도 그는 그 전처럼 로맨틱한 태도는 취하지 않은 것 같다. 하지만 예니에 대한 그의 충실함은 변함없이 절대적이었다. 더구나 그의 아버지는 많은 충고를 그에게 아낌없이 해 주었다.

거듭 말하지만, 너는 큰 책임을 걸머지고 있다.…… 나는 예니와 여러 가지 이야기를 했다. 예니를 충분히 안심시킬 수 있었으면 좋았을 텐데. 나는 내가 할 수 있는 일이라면 무엇이든 하고 있다. 그러나 이성적인 논거로 모든 일이 다 해결되지는 않는다. 예니에게는 자기의 부모님이 이 일을 어떻게 이해하고 있는지 짐작되지 않는 모양이다. 가까운 친척이나 사회의 판단도 작은 장애는 아니다. 나는 또 반드시 올바르지만은 않은 너의 감수성을 두려워하고 있다. 너는 네가 놓여 있는 입장을 잘 생각하는 것이 좋을 것이다. 예니는 너 때문에 치를지도 모르는 수많은 희생에 동의했다. 그녀는 자기 희생을 승낙한 것이다. 그것은 냉정한 이성에 의해서만 충분히 평가할 수 있다. 만일 네가 네 평생에 그것을 망각하기라도 한다면 재앙을 받을 것이다. 네가 믿을 수 있는 것은 오직 네 자신뿐이다. 아직 너는 젊지만 네가 세상의 존경을 받을 만한 남자이며, 무거운 짐을 짊어지고 걸으면서 세상을 이겨낼 것이라는 확신이 네 자신 속에서 우러나지 않으면 안 될 것이다.

히르셸 마르크스는 자기 아들에게 충고하는 것을 두려워하지 않는 아버지들 가운데 한 사람이었다.

1837년 3월에 마르크스는 베스트팔렌 집안에 예니와의 결혼을 허락해 달라고 정식으로 말했다. 예니의 부모는 처음에는 분명히 거절했다. 예니는 이에 절망하여 앓아눕고 말았다. 하지만 이윽고 루드비히 폰 베스트팔렌의 현명함이 편견을 이겨냈다. 여기엔 분명 약혼자 예니의 많은 용기와 끈기와 고집이 큰 힘으로 작용했을 것이다.

히르셸 마르크스는 아들에게 보낸 편지에서 다음과 같이 쓴 일이 있었다.

> 예니에게는 어딘지 모르게 천재적인 데가 있다. 왕자라 할지라도 그녀를 네게서 떼어 놓지는 못할 것이라는 사실을 너는 확신해도 좋을 것이다. 나는 그것을 확신하고 있다(너도 알다시피 나는 누구를 쉽게 믿는 편은 아니다만). 예니는 온 몸과 마음으로 너를 사랑하고 있다. 그 나이에도 불구하고 예니가 너 때문에 그 같은 희생을 치를 것을 각오한다는 것은 보통의 젊은 처녀들로선 좀처럼 할 수 없는 노릇이라는 사실을 너는 절대로 잊어선 안 된다.

약혼한 뒤로 예니는 무도회에도 나가지 않았다. 그것이 당시의 습관이기도 했지만 그녀는 그다지 갈 마음이 내키지 않았다. 그러나 예니의 집에는 손님이 많았기 때문에 여러 사람들과 만났고, 문학 강연을 듣거나 극장에 가기도 했다. 트리어의 거리에는 프롱드적 정신(esprit de Fronde)*이 팽만해 있었고 프로이센적 기풍은 혐오받고 있었다.

1838년 7월, 예니는 알자스의 니데르브론 온천장에 가서 보양 생활을 하게 되었다. 예니가 어머니에게 보낸 1통의 편지는 그 시기의 그녀의 일반적인 견해가 어떤 것이었는가를 보여 준다.

우리가 여기서 아무런 정신적인 즐거움을 갖지 못하고 물질적인 생활밖에 모르고 있다고는 생각하지 마세요. 우리에게는 책이 많습니다. 프랑스 어로 된 책은 콜마르(Colmar)의 어떤 서점의 호의로, 독일어로 된 책은 슈트라스부르크의 어떤 선교사의 주선으로 구했어요. 그리고 매우 값지게 느껴지는 점은 아주 재미있고 유쾌한 사람들이 날마다 우리 주위에 있다는 사실이에요.

∙ ∙ ∙
* 프롱드(Fronde)는 루이 14세의 절대왕정이 확립되기 전에 반란을 일으켰던 귀족당이다―옮긴이.

F. 헤겔(1770~1830).

예니는 슈트라스부르크*의 어떤 법률학 교수의 이름과 당시 유명한 철학자들(헤겔도 그 가운데 한 사람이다)과 친교가 있었던 신학자 몇 사람의 이름을 이 편지에서 쓰고 있다. 그에 반해서 식사를 함께 하는 사람들에 대해서는 이렇게 한탄하고 있다.

그들은 돈에 대한 것밖에는 생각하지 않아요. 금전상의 손익

● ● ●
* 지금 이름은 스트라스부르(Strasbourg)이며, 프랑스 동북부 알자스 지방에 있는 도시이다―옮긴이.

이나 철도 주식, 또는 목재의 판매나 광산이나 공장에 관한 것만을 얘기하고 있어요. 그리고 그들 중의 한 사람이 다른 누군가에게 해 줄 수 있는 최대의 찬사는 '오, 저이는 대단한 재산을 만들 수 있는 사람이죠(Oh, il sait faire une belle fortune)'[2]라고 말하는 것이랍니다.

예니는 이윽고 마르크스와 함께 극도의 가난을 경험하게 되지만―그러나 그렇게 되리라고 당시에는 상상이나 했을까?―돈에는 꽤나 담백했던 것 같다. 영리 추구나 부르주아적 기질 이상으로 그녀에게 불쾌한 느낌을 갖게 했던 것은 없었던 것 같다. 그렇게 되는 데는 마르크스의 도움이 없지 않았을 것이다. 그녀에게 선뜻 쓸 수 있게 된 편지를 통해 그녀를 그 같은 길로 이끌어 주었던 것이 분명하다. 그는 철학으로 그녀를 매혹시켰고, 역사를 공부하도록 그녀에게 권고했다. 그녀는 헤겔에 몰두했으며, 마르크스가 그의 고대(古代) 연구에 관해서 이야기하는 것을 더욱더 잘 이해하려고 그리스 어도 배우기 시작했다.

그럴 수밖에 없는 것이 젊은 마르크스가 세상에 알려지기 시작했기 때문이다. 베를린에서 그는 당시 독일의 지식인들

● ● ●
[2] 이 프랑스 말은 예니가 쓴 원문 그대로이다.

가운데서도 유명한 거의 모든 사람들과 사귀고 있었다. 그의 모습은 여류 시인 베티나 폰 아르님(Bettina von Arnim)*의 살롱에서도 볼 수 있었다. 예니는 그것을 알고 불안을 느꼈다.

나는 당신의 정열적인 지금의 사랑을 언제까지나 간직할 수 있을는지요?…… 오, 카를, 당신의 그처럼 아름다운, 그처럼 가슴 두근거리게 하는, 그처럼 정열적인 사랑, 당신의 그처럼 아름다운 사랑의 고백이 내 마음을 졸이게 해요. 당신의 환상적인 이미지는 사람을 황홀케 할 뿐만 아니라 두 번 다시 재현시킬 수 없는 것이어서 다른 어떤 처녀의 마음도 이루 다 말할 수 없는 행복으로 채워 줄 거예요. 당신의 그처럼 아름다운 사랑의 고백, 그 모든 것이 나를 불안에 떨게 하며 자칫 나의 의혹을 불러일으킨답니다. 나의 모든 생명, 나의 생활은 오직 당신에 대한 생각으로 가득 차 있어요.

마르크스는 믿을 수 없을 만큼 열심히 공부했고, 모든 것에 손을 댔으며, 건강을 돌보는 것도 잊었다. 그는 부모에게 경제

• • •
* 독일의 여류 작가(1785~1859)이며, 낭만주의 작가 아킴 폰 아르님과 결혼했다. 후에 노년의 괴테를 열렬히 사랑했으며, 『괴테와 어느 아이의 서한 교환』(1835)의 저자로 유명하다—옮긴이.

적 부담을 지우는 일도 신경 쓰지 않았다. 그의 아버지는 1838년 5월 세상을 떠났다. 그를 집안에 묶어 두고 있었던 유대가 얼마쯤은 느슨해졌다. 그는 여전히 예니를 많이 생각했다. 그가 가끔 트리어로 귀향했을 때 예니와 만나는 것은 약혼자에게는 몹시 가슴 설레는 일이었다. 하지만 그들은 과연 언제 결혼할 수 있을까? 마르크스가 공부를 마치고 자립할 수 있게 되지 않는 한 결혼은 이루어질 수 없었다. 그 시대의 풍습이 그렇게 하도록 강요했던 것이다.

기나긴 몇 년이 흘렀다. 1841년, 마르크스는 학위논문*을 제출해서 예나 대학으로부터 박사학위를 받았으며, 이어 곧 본으로 가게 되었다. 더욱더 직접적으로 정치적 색채를 띠게 된 그의 활동이 그를 그 도시로 불러들였다. 본은 트리어에서 얼마 떨어지지 않은 곳에 있다. 만남과 만남 사이의 떨어져 있는 시간을 편지가 채워 주었다.

예니는 마르크스에게 다음과 같이 썼다.

나의 귀여운 멧돼지 님. 당신이 만족하고 있다는 것, 내 편지가 당신에게 위안을 주고 있다는 것, 당신이 나를 그리워하고 있

⋯
*「데모크리토스와 에피쿠로스의 자연철학의 차이」 — 옮긴이.

예나 대학.

다는 것, 당신이 태피스트리 벽걸이로 장식된 방에서 살고 있다는 것, 당신이 쾰른에서 샴페인을 마셨다는 것, 그리고 당신이 몽상을 했다는 것 — 한마디로 말해서 당신이 나의 사랑하는 사람, 나의 그리운 사람 그대로임을 알고 얼마나 기뻤는지 몰라요. 그런데 한 가지를 잊고 있었어요. 당신이 조금은 내 그리스 어를 칭찬해 주었으면 좋았을 텐데.…… 오, 사랑하는 카를, 당신은 지금 정치에 관여하고 있군요. 그것은 자칫하면 패가망신의 씨앗이 될 수 있어요. 카르헨(카를의 애칭 — 옮긴이), 당신에게는 사랑하는 사람이 집에 있으며, 그 사랑하는 사람이 희망을 안고 괴

마르크스의 박사학위증.

로워하면서 오로지 당신의 운명에 의지하고 있다는 것을 절대로 잊어서는 안 돼요.

1842년 3월 3일에는 루드비히 폰 베스트팔렌이 세상을 떴다. 그의 죽음은 그를 사랑하고 있던 그의 딸과 카를 마르크스에게는 충격이었다. 가장이 된 예니의 이복오빠 페르디난트는 그들의 결혼에 반대하고 나섰다. 아버지의 죽음은 베스트팔렌 집안의 재정에도 큰 타격을 주었다. 마르크스의 집은 부유하지 못했다. 마르크스의 어머니도—예니의 약혼자인 마르크스를 제쳐 놓고도 7명의 자식을 부양해야 했다—그에게 그 결혼 일랑 단념하고 또 미치광이 같은 정치열도 가라앉히고 돈을 벌도록 종용했다.

그러나 마르크스와 예니는 그런 말들이 전혀 귀에 들어오지 않았다. 두 사람은 그들의 생활을 영원히 결합시키기로 전에 없이 굳게 결심했다. 그러다가 마르크스는 마침내 분개하고 만다. 1843년 3월 13일, 그는 친구인 아르놀트 루게(Arnold Ruge)에게 보낸 편지에 다음과 같이 썼다.

어떤 낭만주의도 없이 그대에게 보증할 수 있지만, 나는 발끝에서 머리끝까지, 또 더없이 진지하게 사랑하고 있습니다. 이미 7년 전부터 약혼한 사이인데, 나의 약혼자는 나 때문에 자신의 건강까지 해쳐 가며 고투를 계속하고 있습니다. 그 고투의 상대는 둘인데, 하나는 그녀의 귀족적이고 경건주의적인 친척관계이며(그녀의 집안에서는 '하늘에 계신 주님'과 '베를린에 계신 주님'이 같은 신앙의 대상이 되고 있었다), 또 하나는 나의 집안입니다. 나의 집안에는 몇 사람인가의 사제(司祭)들이 둥지를 틀고 있으며, 그 밖에도 반대하는 친척들이 많습니다. 그 때문에 나와 내 약혼자는 여러 해 동안이나 무익한 싸움을 계속해 왔습니다. 우리보다도 3배나 더 나이가 많고 쉴새없이 자기네 경험을 말하는 다른 많은 사람들이 겪은 것 이상으로.[3]

카를 마르크스가 그 편지를 쓴 날 그가 협조하고 있었던 《라인신문(Rheinische Zeitung)》은 칙령에 의해서 발행이 금지되었다. 3월 17일, 그는 예니와 결혼한 후 외국으로 떠나기로 결심했다.

마르크스는 독일에 혐오감을 느꼈다. 그 나라를 지배하고 있는 속물주의와 그 나라를 질식하게 만드는 반동과 자유로운 정신을 가진 사람들을 졸렬하게도 탄압하는 검열이 그를 참을

• • •
3) 1843년 1월 30일, 당시 마르크스의 친구였던 G. 헬베크[G. Herwegh, 독일의 정치시인(1817~1875)으로 바덴 반란에 참가했으며, 스위스, 프랑스 등지에서 오랜 망명생활을 했다-옮긴이]는 그의 약혼자에게 보낸 편지에 다음과 같이 썼다. "마르크스는 괴로운 입장에 빠져 있는 것 같소. 가족과 싸워서 생계비가 끊겼다고 해요. 게다가 그는 어떤 처녀와 약혼을 한 상태인데, 그 처녀는 그 때문에 극심한 괴로움을 받아 왔다고 하더군요. 그런데도 그는 그 처녀를 단념하지 않을 모양이오."(『G. 헬베크와 약혼자의 왕복서한』, 슈투트가르트, 1906). 그 시기에 카를 마르크스는 가까운 친척들과 사이가 틀어졌고, 그 때문에 가족으로부터 생계비를 받지 못했던 것 같다. 헬베크는 그의 친구인 마르크스가 약혼녀를 감히 버리지 못하는 것은 도덕적인 의무감 때문이라 말하려 했던 것으로 여겨진다. 그러나 필자가 위에서 인용한 마르크스의 편지는 문제가 그런 곳에 있지 않았다는 사실을 분명히 보여 준다.

Rheinische Zeitung
Politik, Handel und Gewerbe.

№ 15   Köln, Sonntag den 15. Januar   1843.

Deutschland.

※ **Von der Mosel**, im Jan. Die Nro. 346 und Nro. 348 der „Rheinischen Zeitung" enthalten zwei Artikel von mir, wovon der eine die Holznoth an der Mosel, der andere die besondere Theilnahme der Moseller an der königl. Kabinetsordre vom 24. Dez. 1841 und der durch sie bewirkten freieren Bewegung der Presse betrifft. Der letzte Artikel ist in grobe und wenn man will, rohe Farben getaucht. Wer unmittelbar und häufig die rücksichtslose Stimme der Noth in der umgebenden Bevölkerung vernimmt, der verliert leicht den ästhetischen Takt, welcher in den

마르크스가 기고가이자 편집장으로 일한 《라인신문》.

수 없게 만들었던 것이다.

그는 외국으로 떠날 때까지 자주 예니를 찾아다녔다. 예니는 그녀의 어머니와 남동생 에드가르(Edgar)와 함께 크로이츠나하(Kreuznach)라는 작은 마을에 잠시 살고 있었다. 1843년 3월에 쓴 한 통의 편지는 결혼 직전의 예니의 감정이 어떠했는지를 아주 잘 나타내고 있다. 거의 어머니와 같은 부드러운 애정, 가벼운 질투를 보여 주고 있다. 그리고 마르크스가 신부의 상과 결혼식 때 꾸미게 될 꽃을 사겠다는 데에 반대하면서 그런 일은 걱정하지 말아 달라고 말했다. 그것은 아마도 그의 취미에 그다지 호감을 갖지 않았기 때문일 것이며, 특히 경제적인 감각 때문에서였을 것이다. 모든—거의 모든—마르크스 전

2장 약혼 전후의 시기

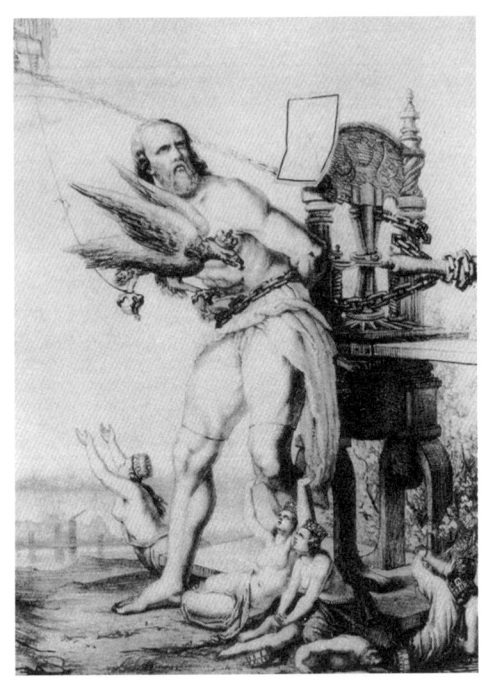
결박당한 프로메테우스. 《라인신문》 탄압에 대한 풍자화.

기는 큰 의미가 없는 그 삽화를 귀중하게 다루고 있다. 그런데 그보다 훨씬 흥미로운 것은 그 편지의 나머지 부분이다. 거기에는 남자와 모든 사랑을 다 나눈 여자의 사랑이 더없이 청순하게 드러나 있다.

지난번 두 강대국의 회의(즉 두 사람의 만남-옮긴이) 때는 그 건에 관해서 아무런 결정도 내리지 않았고 교신(交信)의 개시에 대해서도 아무런 조약을 체결하지 않았기 때문에 그 점에서는 어떤 강제수단도 있을 수 없습니다. 하지만 보잘것없는 불평객인 내 쪽에서 편지를 보내야 한다고 마음으로 느끼고 있어요. 왜냐하면 내 마음 속의 단 한 분뿐인 존경하고 사랑하는 사람, 당신에 대해서 가장 깊고 친밀한 사랑과 감사를 느끼고 있기 때문입니다. 당신이 그처럼 사랑에 불타고 그처럼 상냥하고 그처럼 진실에 넘쳐 있었던 일은 일찍이 없었던 것으로 생각됩니다. 그런데도 지금까지는 당신과 헤어질 때마다 나는 무던히 즐거웠지요. 왜냐고요? 당신을 다시 만나 당신을 얼마나 사랑하고 있는가, 얼마나 진정으로 사랑하고 있는가를 다시 한 번 당신에게 말할 수 있기 때문입니다. 지난번에는 당신이 승리라도 한 듯 으쓱거리며 돌아갔습니다. 당신의 모습이 사라지고 나서, 천사와 같은 상냥함과 친절과 기품 있는 사랑과 정신의 광휘에 둘러싸인 당신의 환영이 아주 생생하게 나의 영혼 앞에 다가섰습니다. 그때 나는 당신이 나의 마음 속 깊은 곳에서 나에게 얼마나 귀중한 분이었는가를 비로소 알게 되었습니다.

　사랑하는 카르헨, 당신이 지금 여기에 있기만 하다면 당신의 건강하고 사랑스러운 아내가 얼마나 행복해지고 싶어 하는가를 알 수 있을 텐데 말이에요. 설령 당신이 어떤 악한 의도를 품고 당신의 기분을 입 밖에 내는 일이 있다고 하더라도 나는 이에 대응하는 징계수단을 취하지는 않을 거예요. 나는 참을성 있게 내

1840년경의 필름. 마르크스는 1840년 10월 필름으로 떠났다.

머리를 당신의 가슴 위에 얹으면서 내 머리를 짓궂은 당신에게 바칠 겁니다. 누가, 어떻게 알겠어요, 어떻게 알겠어요? 해질 녘의 우리의 대화를, 우리가 주고받은 몸짓을, 우리가 함께 거닐었던 시간을, 당신은 지금도 기억하고 있겠지요. 사랑하는 카르헨, 당신이 얼마나 상냥하고 얼마나 사랑에 불타고 얼마나 세심하게 마음을 쓰며 얼마나 만족해 하는지를 알 만해요.

당신의 환영이 내 앞에 얼마나 찬란하게, 얼마나 자랑스럽게 서 있는지 당신은 모를 거예요. 언제나 당신이 내 눈 앞에 있어 주기만을 내가 얼마나 바라는지를, 그리고 기쁨과 황홀 속에서 당신을 위해 얼마나 몸을 떠는지를, 길이란 모든 길에서 당신 뒤를 얼마나 조심조심 따라가려고 하는지를 모를 거예요.……

당신에게 한 가지 더 이야기할 것이 있어요. 그것은 당신이 내 곁을 떠날 때면 언제나 곧바로 느끼게 되는 안쓰러운 일인데, 당신은 당신의 사랑스러운 코를 위할 줄을 몰라요. 마치 선물이라도 내밀듯, 바람이나 폭풍우나 살랑이는 바람이나 운명의 온갖 부침(浮沈)에 당신의 코를 드러내 놓고 있어요, 머플러 하나도 지니지 않고 다니면서. 그것이 무엇보다도 내게는 걱정거리예요. 당신이 보트를 단단히 붙들어서 괜찮았다고요. 그런데 이번에도 또 헤르만(Hermann) 부인이라는 분과 함께 탔다면서요. 밉살스러운 사람, 하지만 용서해 드리겠어요. 앞으로도 보트놀이를 하겠다고요? 그런 놀이는 사회계약(contrat social)[4]에서,

1843년 3월 예니가 마르크스에게 보낸 편지의 일부.

우리의 결혼계약에서 금지하기로 해요. 그리고 그와 같은 별난 것에 대한 벌을 성문화하기로 해요. 있을 수 있는 모든 경우를 정확히 열거해서 하나하나의 경우마다 벌금을 결정하기로 해요. 정말로.……

그 자유분방한 문체, 그 수수께끼 같은 암시들은 예니가 마르크스에게 몸을 맡겼다는 것을 나타내는 것이라 볼 수도 있을 것이다.

• • •

4) 이 프랑스 어는 예니가 쓴 원문 그대로이다. '사회계약'이란 말할 것도 없이 루소의 저서 이름에서 따온 것이다.

3장

결혼, 그리고 엥겔스와의 만남

가구 대신 말로 꾸며진 방이라고나 할까.
그런 방에서 우리는 둘이서만 살았다.

― 루이 아라공*

 카를 마르크스의 물결치는 검은 머리, 엷은 콧수염, 아직 그리 많이 뻗지 않은 턱수염, 거의 검은색을 띤 갈색 얼굴, 그리고 꿈꾸는 듯한 눈[1]은 당시 '미남'이라고 불려도 좋을 남자의 모습이었다. 키는 중키 정도였는데, 자세가 좋은 그가 예니와 함께 서 있기라도 하면 사람들이 되돌아볼 만했다.
 예니는 보기 드물게 아름다운 여자였다. 그녀는 키가 크고 날씬했다. 초승달 같은 눈썹 아래의 초록색 눈은 '마법의 왕녀'와 같은 눈이라 할 만했다. 머리를 뒤로 감아올린, 그리고

●●●
* 프랑스의 초현실주의를 주도한 시인이자 소설가, 평론가(1897~1982) ― 옮긴이.
1) 1839년, 카를 마르크스는 눈이 나쁘고 가슴이 약하다는 이유로 병역을 면제 받았다.

3장 결혼, 그리고 엥겔스와의 만남

1843년의 예니(29살).

거꾸로 세운 달걀 모양의 섬세한 얼굴을 감싸고 있는 그녀의 적갈색 머리카락은 뭇사람의 감탄의 대상이었다.

1843년 6월 19일, 크로이츠나하의 조그만 루터 교회에서 가족만이 참석한 가운데 결혼식을 올렸다. 예니는 그때 29살, 카를은 25살였다. 마르크스는 당시 독일에서 이름이 알려지기 시작하고 있었다. 결혼 한 달 전에 그는 드레스덴에 갔었고[2] 거기에서 헤겔 좌파의 저널리스트 루게(Arnold Ruge)* 와 스위스의 출판업자 프뢰벨(Fröbel)을 만났다. 《라인신문》**의 발행이 금지된 뒤부터 마르크스는 《독불연보(Deutsch-Französische Jahrbücher)》를 파리나 브뤼셀에서 발행하려는 생각을 더욱 굳히고 있던 참이었다. 그가 드레스덴에서 의논한 것은 그 계획에 관한 것이었다. 그러나 결혼 당시엔 아직 아무것도 착수되어 있지 않았다.

예니는 행복했다. 나중에 엥겔스가 썼던 것처럼, 그녀는 "남편의 운명과 일과 투쟁을 자신과 함께할 뿐 아니라 폭넓은 이

• • •

[2] 그 여행에 대해서는 지금까지 이론이 제기되어 왔다. 필자는 1843년 5월 5일자 《드레스드너 안차이거(Dresdner Anzeiger)》지를 통해 그 여행이 분명히 이루어졌다는 사실을 확증할 수 있었다. 그 신문은 동정란에 쾰른의 독토르 마르크스가 슈타트 롬 호텔에 투숙하고 있다는 기사를 싣고 있다. 동시에 드레스덴에 도착한 여행자들의 명단에는 같은 호텔에 투숙한 둔커라고 하는 베를린에서 온 경관의 이름이 들어 있다. 그 사내는 카를 마르크스를 감시하는 임무를 띠고 있었던 게 확실하다.

* 독일의 사회사상가, 저널리스트. 한때 파리에서 마르크스와 함께 《독일연보》를 발행했으나 나중에 마르크스와 헤어졌다. 1848년 혁명 때에는 《개혁(Die Reform)》지를 발행했다. 만년에는 국가주의로 전향하여 비스마르크를 지지했다 — 옮긴이.

** 1842~1843년에 걸쳐 쾰른에서 발행된 독일의 반정부적 신문이다. 마르크스는 이 신문에 정기적으로 기고해 달라는 청탁을 기꺼이 받아들였으며, 10개월 뒤에는 이 신문의 최고 편집자가 되었다. 급속도로 급진주의적 신문으로 변한 이 신문은 발행 부수가 점차 증가하고 명성이 독일 전체에 퍼지게 되었으며, 그 반정부적 논조 때문에 1843년 폐간되었다 — 옮긴이.

3장 결혼, 그리고 엥겔스와의 만남

1840년의 크로이츠나하. 마르크스와 예니는 1843년 6월 19일 이곳에서 결혼했다.

해와 불타는 정열을 가지고 그것들에 협력할" 각오를 갖고 있었다. 젊은 부부는 팔라티나트(Palatinat) 선제후(選帝侯)*의 영지로 신혼여행을 갔다. 그리고 마르크스는 그 밀월의 추억을 감동 깊게 언제까지나 간직했다. 만년에 이르러 딸 엘레아너와 함께 칼스바트에서 런던으로 가던 도중 그는 그 시기의 일들을 회상하면서 엘레아너에게 꼭 빙겐(Bingen)**을 구경시켜주려고 했다.

마르크스와 예니는 《독불연보》의 계획이 구체화되기를 기다리면서 크로이츠나하에 정착했다. 두 사람은 함께 열심히 일했다. 마르크스는 헤겔 철학과 포이어바흐(L. A. Feuerbach)의 『그리스도교의 본질』을 아내에게 공부시켰다. 그는 10월 3일, 포이어바흐에게 보낸 편지에 "선생이 여성들 사이에서 많은 지지를 얻고 있다는 사실을 선생은 알고 계신지요?"라고 썼다. 예니는 그때까지는 몹시 종교적이었으나, 남편과 포이어바흐의 영향을 받아 그 신앙이 퇴색되어 갔다.

9월, 루게는 마르크스에게 편지를 보내 파리에서 《독불연보》를 발행할 준비가 끝났음을 알렸다. 그는 마르크스에게 5백

● ● ●

* 신성로마 황제(독일 왕)를 선출하는 데 참여할 권리를 지닌 신성로마제국의 제후. 선거후, 선정후라고도 한다 — 옮긴이.
** 라인 강 중류에 있는 도시 — 옮긴이.

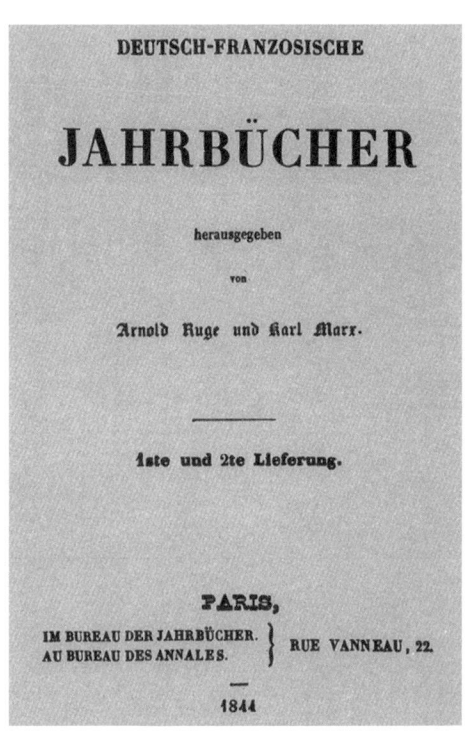

《독불연보》의 표지(1844).

에서 6백 탈레르(thaler)의 월급을 약속하면서, 그 정도의 돈이라면 젊은 부부가 파리에서 충분히 살 수 있다고 단언했다. 10월 말, 마르크스 부부는 프랑스의 수도로 갔고, 거기에서 루게 부부와 함께 바노가(街) 38번지에서 살았다. 예니는 곧바로 좌파인 독일인 망명객 게오르크 헬베크(G. Herwegh) 부부와 알고 지냈다. 베를린의 어떤 은행가의 딸인 헬베크 부인은 사치스

L. A. 포이어바흐(1804~1872).

러운 생활을 하면서 많은 손님들을 집에 끌어들이고 있었다. 프란츠 리스트(F. Liszt)*의 친구인 마리 다구(Marie d'Agoult) 남작부인이나 조르주 상드(George Sand)**도 헬베크 부인의 살롱

• • •

* 헝가리의 피아니스트, 작곡가(1811~1886)로, 〈헝가리 광시곡〉 등 많은 교향시적인 피아노곡을 남겼다 — 옮긴이.

파리의 아침. 마르크스는 1843년 10월부터 1845년 2월까지 이 도시에서 살았다.
1844년 5월 첫딸 예니가 이곳에서 태어났다.

의 단골 손님이었다. 그러나 마르크스 부부가 이윽고 긴밀한 우정 관계를 맺게 되는 사람은 특히 시인 하인리히 하이네(Heinrich Heine)였다.

●●●
** 프랑스의 여류 작가(1804~1876)로, 『악마의 늪』 등 많은 소설을 남겼으며, 쇼팽, 리스트, 뮈세 등에 대한 지원과 연애, 파국은 유명하다. 2월혁명 전에는 혁명운동에 가담하기도 했다 ―옮긴이.

하이네는 예니의 미모에 크게 감탄한 나머지 그녀에게 자작시를 보여 주거나 그녀의 조언에 귀를 기울이기도 했다. 그 두 사람 사이에 맺어진 우정은 언제나 순수한 것으로 남아 있었다.[3] 게다가 마르크스는 질투심이 많은 남자가 아니었다. 루게는 다음과 같이 썼다.

그는 대단한 독서가이며, 때로는 어마어마한 변증법에 몰두할 만큼 이상스런 열성으로 일한다.…… 그는 타고난 학자이며 작가이다.*

● ● ●

3) 하이네(1797~1856)는 1830년의 혁명 후 프랑스에 망명했다. P. 라파르그(1868년 마르크스의 차녀 라우라와 결혼했다)는 그의 『마르크스의 회상(Souvenirs sur Marx)』에 다음과 같이 썼다. "저 가차없는 풍자가인 하이네도 마르크스의 야유를 두려워했지만, 마르크스 부인의 통찰력 있는 예민한 정신에 대해서는 가장 커다란 감탄을 느끼고 있었다." 마르크스의 딸 엘레아너 마르크스 에이블링[Eleanor Marx Aveling, 마르크스의 셋째 딸로 영국의 마르크스주의자 에드워드 에이블링(Edward Aveling)과 결혼]은 1895년에 다음과 같이 썼다. "하이네가 날마다 마르크스 부부를 만나러 와서 자작시를 낭독해 들려주거나, 그 시에 대해서 마르크스 부부의 의견을 묻거나 했던 한 때가 있었습니다. 마르크스와 하이네는 겨우 10행의 짧은 시의 경우에도 그 시가 완벽하게 되고 아무런 어색한 흔적도 남기지 않게 될 때까지 낱말 하나 하나를 검토하거나 조탁(彫琢)하거나 정정하거나 하면서 언제까지나 시간을 보내곤 했습니다. 게다가 하이네에게는 대단한 인내를 보여야만 했습니다. 그것은 하이네가 일체의 비판에 대해서 병적일 만큼 민감한 반응을 보였기 때문입니다. 어떤 때는 하이네가 신문지상을 통해 어떤 무명의 작가로부터 공격을 받았다는 이유로 문자 그대로 울면서 마르크스의 집을 찾아간 적도 있었습니다. 마르크스는 그런 때는 하이네를 그의 아내에게 보내는 수밖에 없었습니다. 그러면 마르크스 부인은 그녀의 재치와 부드러움으로써 '절망한 시인으로 하여금 이성을 되찾도록' 해 주었습니다."

마르크스 가족과 친하게 지냈던 하인리히 하이네.

그러나 루게는 마르크스를 부담스럽게 생각하기 시작했고 마침내 그들은 영원히 결별했다.

예니는 첫 아기가 태어나기를 기다리고 있었다. 파리의 생활은 그녀를 매혹시켰다. 마르크스는 그녀를 사랑하고 있었으

• • •
* 파울 네르리히 편, 『아르놀트 루게의 왕복서한 및 일기』, 제1권, 343쪽.

며 그 자신도 행복했다. 그는 결혼했고, 다름 아닌 자기 자신을 위해서는 그 결혼이 정상적인 것이라고 생각하고 있었다. 더 말할 것도 없이 결혼은 당시의 생활에서 '실제적으로' 필요한 것이기도 했다. 그에게 중요한 것은 부르주아적 습관에 의해 승인된 계약이 아니라 두 사람 사이의 '충실한' 사랑이었다. 그 사랑은 남녀의 평등 위에서 이루어지는 것이 아니면 안 된다고 그는 생각했다.

마르크스는 그 시기에 부부간의 존경과 조화의 기초인 그 평등이 실현될 수 있으리라고 기대하고 있었다. 부르주아적 결혼에 대해서는 여전히 매우 비판적이었다.

1845년에 엥겔스와 함께 집필한 책 『신성(神聖)가족: 비판적 비판의 비판(Die Heilige Familie)』에서 마르크스는 명백하게 푸리에(F. Fourier)*에 의거해 푸리에의 말을 풍부하게 인용하고 있다.

하나의 역사적 시대의 변화는 언제나 여자의 자유의 진보와 비례해서 결정된다. 왜냐하면 수성(獸性)에 대한 인간성의 승리

● ● ●
* 프랑스의 공상적 사회주의자(1772~1837)로 자본주의 사회의 모순을 날카롭게 지적하고, 생산자 협동조합인 팔랑주(Phalange)에 바탕을 둔 사회의 건설을 주장했다. 이러한 그의 사상체계를 푸리에주의라고 한다 — 옮긴이.

F. 푸리에.

가 가장 뚜렷하게 나타나는 것은 그 점에서이기 때문이다. 즉 여성과 남성의 관계, 약자와 강자의 관계에서이기 때문이다. 여성 해방의 정도는 일반적인 해방의 정도를 재는 자연스러운 척도이다.

여성을 폄하하는 것은 문명의, 그리고 동시에 야만의 본질적인 특징이다. 다만 단 하나의 차이가 있다면, 문명의 질서는 야만이 단순한 방법으로 행하는 악덕 하나하나를 복잡하고 2중의 의미가 있으며 모호하고 위선적인 존재로 만들기 위해 그 방법을 고도화시킨다는 점이다.…… 여성이 노예 상태에 놓여 있다는 사실로 인해서 남성 이상으로 크게 벌받는 자는 없다.[4]

같은 책에서 마르크스와 엥겔스는 당시 크게 유행했던 외젠 쉬(Eugéne Sue)*의 소설에서 도덕적 가면을 적나라하게 벗겨 내고 있다. 비판적 비판의 철학파(l'école philosophique du criticisme critique)와 그 창시자들(브루노 바우어**와 그 동반자들)은 오늘날 완전히 잊혀졌지만 그 소설들에서 야릇한 결론을 이끌어 내고 있었던 것이다. 두 사람의 저자, 즉 마르크스와 엥

• • •

[4] 같은 시기에 마르크스는 그의 『경제학 및 철학에 관한 초고』에 다음과 같이 썼다. "남성의 한없는 타락은, 집단적 음욕의 미끼가 되고 대상이 된 여성과의 관계에서 명백히 드러나 있다.…… 남성과 여성의 관계는 어느 정도까지 인간이 인간적으로 되었느냐를 나타내는 척도이다. 아마도 그 관계는 가장 자연스러운 인간관계를 형성하는 것일 것이기 때문이다.…… 그 관계는 어느 정도로…… 한 사람이 다른 한 사람에게 하나의 필요가 되어 있는가를, 그리고 다름 아닌 바로 그 사실에 의해서 어느 정도로 인간이 그 개인 생활에서도 사회적 존재가 되어 있는가를 나타내는 것이다."

* 프랑스의 소설가(1804~1857). 도시 생활의 어두운 면을 다룬 소설들을 써서 인기를 얻었으며, '신문소설'의 대표적인 인물이다. 대표작으로는 사회소설인 『파리의 비밀』 등이 있다-옮긴이.
** 독일의 신학자이며 역사가(1809~1882). 처음엔 헤겔 우파였다가 후에 헤겔 좌파로 전환했다. 예수의 신성 및 역사적 존재를 부정하면서 성서를 문학작품이라고 주장했다가 대학 당국으로부터 추방당했다-옮긴이.

브루노 바우어.

겔스가 그리제트[젊은 여공. 나중엔 파리의 학생, 예술가 등의 정부(情婦)로 타락한다-옮긴이]와 부르주아의 아내 가운데 어느 쪽을 높이 평가하고 있는가는 의심의 여지가 없다. 그들은 외젠 쉬가 그리제트를 '정신적으로' 이상화하고 있는 것은 부르주아지의 환심을 사기 위해서라고 말한다.

그 때문에 그는 그리제트의 처지와 성격의 장점을, 즉 형식적인 결혼에 대한 그녀의 경멸과 학생이나 노동자와 그녀들의 소박한 관계를 말살하지 않으면 안 되었던 것이다. 고결한 행동이란 볼 수 없고 이기적이며 위선적인 부르주아의 아내와―일체의 부르주아적 생활권, 즉 공인된 생활권과―그리제트가 진정으로 인간적인 대조를 보이고 있는 것은 바로 그러한 관계에 있어서일 뿐인데도.

사랑 받고 있는 여자는 단순히 정신만의 존재가 아니고 감성을 갖춘 물체이다.

그런데 '비판적 비판'의 일파는 그리제트가 하나의 물체임을 승인하면서도 최소한 그 물체가 비판능적이기를 강요한다. 그러나 사랑은 비비판적(非批判的)이며 비그리스도교적인 하나의 유물론자이다. 마지막으로 사랑은 한 인간을 또 한 인간의 저 감동성의 외적인 대상(對象)으로 삼는 데까지 치닫는다. 그리고 또 한 인간의 이기적 감정이 그 대상에서 만족을 발견하는 것이다. 이기적이라고 말하는 것은 각자가 상대방에서 찾는 것이 자기 자신의 본질이기[5] 때문이다.

'비판적 비판'의 관념론자들을 단죄하는 그 테제들은 마르크스에게는 가치 있는 것이었다. 남자와 여자가 사랑에 의해서 그들의 본질적인 존재를 함께 발견하고 사상적으로 또 감정적으로 일치되는 것을 마르크스가 얼마나 중시했는가를 알 수 있다. 그러므로 사랑은 추상적인 정열이 아닐뿐더러 몰록* 도 아니고 살과 뼈로 된 악마도 아니다. 사랑은 관능성과 무관하지는 않으나 그렇다고 해서 성액(性液) 분비작용의 기계적인 행위로 돌려 버릴 수 있는 것도 아니다.

여기에서 우리는 마르크스가 그의 공산주의적 세계의 이론을 만들어 가는 단계에 다가와 있다는 것을 알게 된다. 그 이론에 따르면 인간은 이기적인 목적들을 추구하는 일을 중지하게 되며, 소유욕은 사라지고 그와 함께 개인들 사이의 대립도 사라지게 된다. 가족관계 그 자체도 변화하게 된다. 원시공산주의나 속악(俗惡)한 공산주의에서처럼 여자를 공유해서가 아니라 "결혼은 자유로운 인간끼리의 결합으로 이루어지고 그 부부는 결혼에 의해서 서로 풍요해지기 때문이다." [6]

● ● ●

5) 『신성가족』은 마르크스와 엥겔스의 작품들 가운데서 고유한 의미를 갖는 것으로 혁명적 마르크스주의적 사회주의로 그들을 이끄는 전환점을 이루고 있다. 비록 그 논법이 그들의 적수인 관념론자들의 그것에 아직 가깝기는 하지만, 1846년 5월에 탈고한 『독일 이데올로기』는 두 저자의 철학적 발전의 귀결을 나타내고 있다.
* 고대 셈 족이 섬기던 화신(火神)으로, 어린아이를 제물로 바쳐 제사를 지냈다—옮긴이.
6) A. 코르뉘(A. Cornu), 『카를 마르크스, 인간과 작품(Karl Marx, l'homme et l'œuvre)』, 제3권, 133쪽(P.U.F.판).

1839년의 엥겔스.

마르크스가 엥겔스[7]와 알게 된 것은 1844년 8월 28일 이후의 일이다. 영국에서 독일로 오는 도중, 마르크스주의 이론의 공동건설자 엥겔스는 파리에 잠깐 들러서, 소문으로는 여러 모로 들었지만 1844년에 (쾰른의《라인신문》편집부에서) 잠깐 한 번

•••

7) 프리드리히 엥겔스는 1820년 11월 28일 독일의 바르멘(Barmen)에서 태어났다. 그의 아버지는 실업가였다. 1842년 엥겔스는 영국 맨체스터로 가서 아버지가 경영에 참여하고 있었던 에르멘 앤드 엥겔스(Ermen and Engels) 방적회사의 영업부에서 관리업무를 맡았다.

엥겔스가 1820년 11월 28일 태어난 집.

본 적이 있는 마르크스를 만났다. 그 이후 두 사람은 충실한 우정으로 맺어진다.

  1844년 5월 1일, 마르크스 부부의 첫 아기가 태어났다. 여자아이였는데, 마르크스의 강력한 희망에 따라 어머니의 이름을 따서 예니라고 이름지었다. 그 갓난아기는 병약했기 때문에 마르크스 부부는 그 아기를 트리어로 데려가기로 결정했다. 트리어라면 생활조건이 파리보다는 나으리라고 생각했기 때문이다. 두 사람의 예니는 6월에 독일로 출발했다. 서로 헤어져 있는 동안에 마르크스 부부가 주고받은 편지들은 당시 그

두 사람의 마음의 상태를 증언해 주고 있다. 예니는 다음과 같이 썼다.

어떤 일이 있더라도 겨울이 되기 전에 돌아갈 거예요. 당신의 편지마다 배어 있는 빛나고 불타는 사랑을, 또 마음에서 우러나는 우정을 어떻게 내가 거역할 수 있겠어요.…… 당신의 가슴 위에, 당신의 두 팔 안에 다시 내 몸을 누이고 포근하게 기쁨에 젖을 수 있다면 얼마나 즐거울까요. 당신에게 이야기할 것이 내겐 아무것도 없어요. 당신은 '원리들의 높이(hauteur des principes)'[8] 로까지 나를 다시 높이기 위해서 큰 노고를 하게 될 테죠. 조그마한 독일에서는 세계의 추세를 재빨리 알기란 쉬운 일이 아니에요.……

예니는 트리어에 머무르는 동안 독일의 정치정세에 큰 관심을 가졌고, 편지로 마르크스에게 그것을 보고했다. 마르크스는 파리에서 협력하고 있었던 독일어 신문 《포르베르츠(Vorwärts, 전진)》에 「어느 독일 여성의 편지」라는 제목으로 예니의 편지 몇 대목을 실었다.
그러나 예니의 편지들이 단지 정치적인 색채만을 띠고 있었

●●●
8) 이 프랑스 어는 예니의 원문 그대로이다.

마르크스의 첫째 딸 예니(1850).

던 것은 아니다. 1844년 8월 11일에 보낸 편지의 다음과 같은 부분은 그것을 잘 증명해 준다.

사랑하는 그리고 나의 유일한 카를.
진심으로 사랑하는 사람, 당신이 띄운 여러 편지들이 얼마나 나를 기쁨으로 채워 줬는가를 당신은 모르실 거예요. 내 마음의 대제사장이시며 주교이신 사람, 지난번의 목가적인 당신의 편지가 당신의 가여운 양(羊)에게 얼마나 마음의 안정을 주었는가를 당신은 아무래도 알 수 없을 거예요.……

예니는 1844년 9월에 딸과 함께 파리로 돌아왔다. 그러나 파리에 오래 머물러 있지는 못하게 되었다. 1845년 1월 말, 경관 한 사람이 바노가(街)에 모습을 나타냈기 때문이다. 그 뒤 프로이센 왕의 요구로 카를 마르크스는 프랑스로부터 추방되었다. 24시간 이내에 프랑스를 떠나라는 명령이 떨어졌던 것이다.

4장

쫓기는 삶

: 브뤼셀, 파리, 런던

> 여행을 알고 있는 상냥한 아이들은 어디 있느냐?
> 그 체취를 잊을 수 없는 야성적인 낙원의 추억을
> 내 마음 속에 남겨 놓은 저주받은 아이들은 어디 있느냐?
>
> — 장 클로드 르나르*

마르크스 부부는 37개월 동안 브뤼셀에서 살았다. 마르크스는 1845년 1월 1일 브뤼셀에 도착해서 마침 눈에 띤 호텔―북부역 부근의 가르 호텔(Hôtel de la Gare)―에 투숙했다가 이튿날 뇌브(Neuve)가(街)의 삭스 호텔(Hôtel de Saxe)로 옮겼다. 그 호텔 건물은 1901년에 헐렸고, 오늘날 그 자리에는 1967년에 화재를 일으킨 백화점 인노바시옹(Innovation)이 서 있다.

예니는 파리 퇴거를 며칠 동안 유예 받았지만 수중에 돈이라곤 한 푼도 없었다. 그녀는 브뤼셀까지의 여비를 마련하기 위해 가구와 옷 일부를 팔아야만 했다. 마르크스는 그녀를 이제

• • •

* 1200~1222년에 활동한 프랑스의 시인, 모험소설가.

브뤼셀의 마르크스 집. 마르크스는 이 집에서 1845년 5월부터 1846년 5월까지 살았다.

나저제나 하고 기다렸다. 그러나 당시 그는 정치적인 문제에 열중해 있었고, 게다가 가계에 관한 일에는 몹시 무능력해 기거할 곳조차 마련하지 못한 상태였다. 엥겔스는 자신의 책 『영국 노동자 계급의 상태』의 저작권을 마르크스에게 양도하고 마르크스를 위해 독일에서 의연금을 모집했는데, 그의 도움으로 젊은 부부는 잠시나마 위기에서 빠져나올 수 있었다.

엥겔스는 마르크스에게 보낸 편지에 다음과 같이 썼다.

> 아무튼 개 같은 자들이 그들의 수치스러운 행위를 통해서 자네를 금전적 궁지에 몰아넣고 즐거워하는 것을 보고 있을 수만은 없네.

마르크스는 엥겔스의 도움을 받아들였지만, 그 돈을 벨기에에 와 있는 다른 독일 망명자들을 위해 금방 다 써 버리고 말았다. 그리고 그와는 달리 독일의 사회주의자 바이데마이어(Weydemeyer)가 제시한 경제적인 원조는 단호히 거절해 버렸다. 마르크스는 당시 그가 공격하고 있던 사람들과는 어떤 관계도 맺고 싶어 하지 않았다.

예니는 살림살이 걱정에 쫓기면서도 변함없이 남편과 하나가 되어 있었다. 그녀는 남편의 정치적인 일에 협력했다. 그러나 쉴새없는 이사 때문에 지쳐 버리고 말았다. 마침내 마르크스 부부는 변두리 생 루뱅(Saint-Louvain)의 알리앙스가(街)에서 집 한 채를 발견했다. 좁고 매력이 없는 먼지투성이인 집들이지만, 그 부근에는 오늘날도 당시의 집들 몇 채가 그대로 남아 있다. 그러나 5~7번지의 집들은 헐리고 없다. 예니는 당시 이렇게 썼다.

작은 집으로도 충분할 거예요. 게다가 겨울에는 넓은 장소가 별로 필요치 않으니까요.

마르크스 가족은 그후 오를레앙가(街) 42번지에서 살았다. 18세기 말엽에는 장 다르덴가(街)라고 불린 거리였다. 그리고 마지막으로 그들은 부아-소바주 호텔로 옮겨가서 살았다. 그후 그 건물은 상점으로 바뀌었다.

마르크스 부부가 벨기에에 온 뒤로 도망자의 생활은 두 사람의 사랑을 무겁게 짓눌렀다.[1] 그들 가운데 어느 한쪽도 그들의 사랑의 견고함을 의심치 않았다. 그러나 다가오는 뇌우(雷雨)는 마침내 일을 복잡하게 만들어 갔다.

● ● ●

1) 벨기에의 왕립 문서관(文書館)은 마르크스가 엄중하게 감시받고 있었다는 사실을 나타내는 몇 가지 경찰 보고서를 소장하고 있다(정리번호 73946). 게다가 마르크스는 벨기에의 신문에는 어떤 글도 쓰지 않겠다는 약속을 했다. 그것은 그와 그의 가족에게 경제적으로 중대한 영향을 미쳤다.

1840년 중반의 엥겔스.

1845년 4월엔 엥겔스도 브뤼셀에 와서 살게 되었다. 아들의 혁명적 경향이 점점 강화되는 것을 두려워한 아버지의 힐난이 지겨워졌기 때문이다. 마르크스 부부로부터 친밀하게 프리체(Fritze)라고 불렸고, 특별히 군사적인 능력이 있다고 해서 (그리고 그것은 사실이었다) 나중에는 장군이라고 불렸던 엥겔스는 스

엥겔스의 아버지와 어머니.

포츠를 좋아하는 쾌활한 남자였으며, 인생과 농담과 예술, 그리고 문학을 사랑했다. 그 무렵 25살에 불과했으나 그는 이미 풍부한 여행의 경험을 쌓고 있었다. 말(언어)에 대한 그의 재능은 아주 놀라웠다. 그는 모국어인 독일어는 물론 프랑스 어, 영어, 이탈리아 어, 스페인 어를 말하고 쓸 줄 알았다. 나중에는 유럽의 어떤 말도 거의 다 구사할 수 있었다.

엥겔스가 온 때와 거의 같은 시기에 폰 베스트팔렌 부인이 딸 예니가 있는 곳으로 보낸 헬레나 데무트(Helena Demuth)가 브뤼셀에 도착했다. 폰 베스트팔렌 부인은 딸에게 보낸 편지에 이렇게 썼다.

이는 내가 너에게 보낼 수 있는 최고의 선물이다. 충실하고 사랑스러운 렌헨(Lenchen, 헬레나의 애칭-옮긴이)이란다.

헬레나 데무트는 어릴 적부터 베스트팔렌가(家)에서 더부살이를 한 처녀였다. 자아르 지방 상트 벤델의 어느 농민의 딸인 그녀는 8살인가 9살 때 베스트팔렌가에 맡겨졌다. 예니의 부모를 몹시 따랐던 헬레나는 자기보다 9살을 더 먹은, 그리고 함께 자란 예니를 진심으로 사랑하고 좋아했다.

브뤼셀에 도착했을 때, 렌헨은 예쁘고 튼튼하며 유머가 넘치는 22살의 쾌활한 처녀가 되어 있었다. 그녀는 프랑스 어를 약간 할 줄도 알았으며, 나무랄 데 없는 가정부였고 요리 솜씨가 아주 좋았다. 그것은 먹성 좋은 대식가인 마르크스를 몹시 기쁘게 했다. 그리고 그녀의 현실적인 감각은 한 집안의 찬탄의 대상이 되었다. 그녀는 그때까지 자칫 결여되기 쉬웠던 견실성을 그 가정에 끌어들였다. 예니는 일생 동안 그녀를 가정부라기보다는 친구로 대하며 존경했다. 마르크스의 아이들도

헬레나 데무트(1820~1890)는 1845년 4월 브뤼셀의 마르크스 집에 가정부로 왔다.
그녀는 마르크스의 가족이나 다름없다.

그녀를 몹시 사랑했고, 그녀가 죽은 뒤에는—그녀는 1890년에 죽었다—그녀에 관한 감동에 가득 찬 회상을 언제까지나 간직했다. 그녀는 좋았던 시절이나 나빴던 시절이나 마르크스 일가의 가장 믿음직스러운 보조자였다.

카를 마르크스는 1845년 7월부터 8월 말까지 런던과 맨체스터에 머물렀다. 그는 그곳에서 경제를 연구하며, 영국의 많은 혁명가들과 중요한 관계를 맺었다. 그동안 예니는 딸과 렌헨과 함께 트리어에 가 있었다.

서로 헤어져 있었던 그 시기에 예니가 쓴 편지 한 통은, 그들 부부의 사랑이 변하지 않았음을 잘 보여 준다.

우리의 편지는 이번에 서로 엇갈리게 되었지만, 사랑하는 카를, 당신의 편지를 내 편지에 대한 답장으로 여기겠어요. 그리운 카를, 당신이 아주 자상한 마음씨와 사랑으로 모든 일을 염려해 주고 있기 때문에 나는 당신의 편지를 읽으면서 우리 집에 있는 듯한 느낌이 들었어요. 지금 나는 여기에 머물러 있을까 출발할까 하고 망설이고 있답니다. 아무튼 정확한 출발 날짜는……

예니는 얼마 뒤 엥겔스와 함께 쓰는 『독일 이데올로기』의 집필을 서두르면서도 한편으로는 브뤼셀의 '공산주의자 통신위원회'를 설립하려는 남편의 활동을 지켜보았다. 그리고 남편이 그 저서를 빠른 시일 안에 완성하도록 격려했다.

1845년 9월 26일, 마르크스 부부의 두 번째 아기인 딸 라우라(Laura)가 브뤼셀에서 태어났다. 예니의 동생 에드가르(Edgar)도 벨기에에 와서 살았는데, 그는 마르크스 부부와 함께 공산주의

마르크스의 둘째 딸 라우라(1855).

자들의 서클에 가담하여 투쟁하던 젊은 여자 혁명가 리나 쇨러 (Lina Schöler)와 약혼했다. 그러나 그후 리나를 버리고 미국으로 가는 등 에드가르의 불성실성은 마르크스와 예니에게 커다란 충격을 주었다.

그 시기 마르크스 부부의 개인적인 생애에 관해서는 브뤼셀에서 일했던 독일인 인쇄공 슈테판 보른(Stephen Born)의 증언

에드가르 베스트팔렌(1819~1890).

이 담긴 책 『어느 48년대 사람의 회상』(1898)을 통해 알 수 있다. 슈테판 보른은 마르크스 부부의 집에 자주 드나들었던 사람이다.

그(마르크스)는 브뤼셀 변두리의 초라하다고도 말할 수 있는 아주 조그만 집에서 살았다. 그는 친절하게 나를 맞아 주었고,

나의 선전(宣傳) 여행의 성공에 대해서 여러 가지로 물었으며, 내가 하인첸(Heinzen)을 공격한 조그만 책자를 칭찬해 주었는데, 그에 대해서는 그의 아내도 같은 의견이었다. 그리고 그의 아내는 진심으로 나를 환영해 주었다. 그녀가 남편의 관심사에 대해 언제나 열렬히 협력하는 것을 보고 나는 큰 감명을 받았다.…… 마르크스는 그의 아내를 사랑하고 있었다. 그리고 그녀도 남편의 고통을 함께 나누고 있었다. 나는 그처럼 행복한 부부를 별로 본 적이 없다. 그 부부는 기쁨도 고통도(물론 고통 쪽이 많았지만) 그리고 어떤 근심걱정도 나누고 서로 협력하면서 견뎌 나간 것으로 안다.

1846년 12월(또는 1847년 1월. 정확한 날짜는 알 수 없다)에 에드가르(Edgar)가 태어났다. 드디어 사내아이가 태어났다고 마르크스는 생각했다.

잇단 출산에도 예니는 남편 일에 적극 협력하는 것을 잊지 않았다. 그녀는 남편의 비서 역할을 했는데, 그 시기에 『공산당 선언』의 텍스트를 정서했다. 『공산당 선언』은 1848년 2월, 런던에서 출판되었다. 마르크스의 글씨는 몹시 읽기 힘들어서 인쇄소에 넘기기 전에 대개 그의 아내가 원고를 정서해야만 했다.

1848년 2월, 파리에서 일어난 혁명에 관한 소식이 파리에서

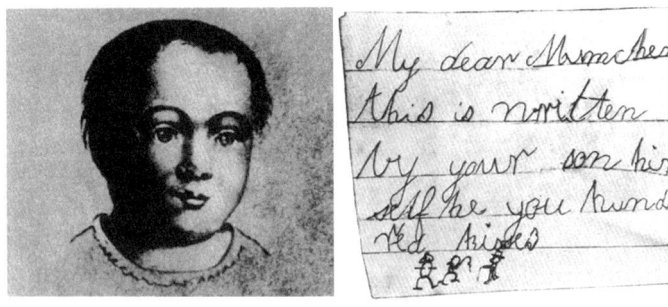

마르크스의 아들, 에드가르 마르크스(1846~1855).
아명은 '무슈'이며, 오른쪽은 에드가르가 어머니에게 쓴 짧은 편지.

부터부터 열차를 운전하고 온 기관사에 의해 25일 저녁 나절에 브뤼셀에 알려졌다. 그 기관사는 브뤼셀의 북부역에 도착하자마자 플랫폼을 가득 메운 군중을 향해 이렇게 소리쳤다.

발랑시엔 성 위에 붉은 깃발이 휘날리고 있소! 공화국이 선포됐어요!

루이 필립(Louis-Philippe)*은 도망치고 루이 블랑(Louis-Blanc),** 페르디낭 플로콩(Ferdinand Flocon), 그리고 역사상 처

• • •
* 프랑스의 왕(1773~1850). 1830년 7월혁명에 의해 즉위해 초기엔 민주적 정책을 폈으나 공화파의 운동 및 노동자의 봉기가 있자 반동적 탄압정책을 폈다. 1848년 2월 혁명에 의해 쫓겨났다—옮긴이.

4장 쫓기는 삶: 브뤼셀, 파리, 런던

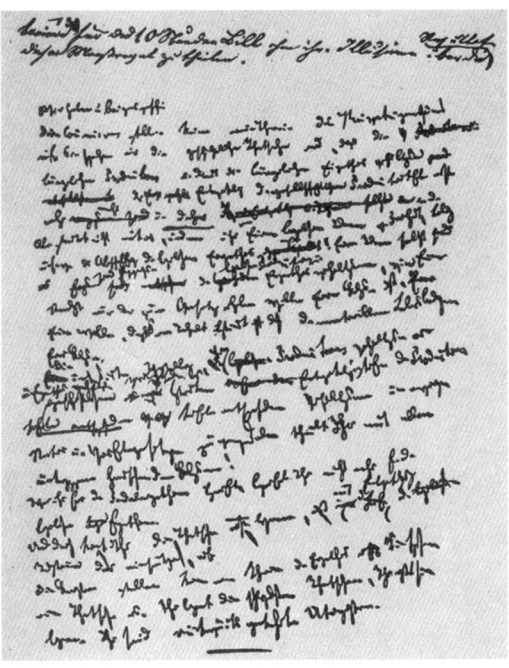

『공산당 선언』의 마르크스 친필 원고.

음으로 한 사람의 노동자 즉 기계공 알렉상드르 마르탱(Alexandre Martin)[2]이 임시정부의 일원이 되었다. 그들은 카를

• • •

** 프랑스의 사회주의자, 역사가(1811~1882). 개량적 사회주의를 주창했으며, 1848년 2월혁명 후에는 임시정부의 일원으로 사회주의적 입법을 시도하기도 했다. 1848년 6월의 노동자 폭동이 실패하자 영국에 망명했으며, 루이 나폴레옹의 제2제정이 붕괴된 뒤 1970년 22년 만에 고국으로 돌아와 국민의회 의원을 지냈다 ― 옮긴이.
2) 프랑스에서는 '노동자 알베르(Albert)'라는 이름으로 더 잘 알려져 있다.

1848년 2월 간행된 『공산당 선언』의 표지.

마르크스가 잘 알고 있는 사람들이었다. 마르크스는 희망에 부풀었다. 그가 부회장을 맡고 있는 '민주주의 협회(Société démocratique)'는 시민들을 무장시킬 것을 브뤼셀의 시의회에 호소했다. 파리에 가 있다가 1월 29일 파리에서 추방되어 브뤼셀에 와 있던 엥겔스는 혁명의 중심지인 프랑스로 다시 가지 않으면 안 된다고 생각했다. 마르크스도 그의 생각에 동의했다.

작센의 코부르크(Coburg) 가문 출신의 독일인이며 루이 필립의 사위인 벨기에 왕 레오폴드(Léopold)는 벨기에군을 동원해서 노동자 집회를 해산시켰다. 외국인은 체포되거나 추방되었다. 3월 3일 오후, 마르크스 일가는 벨기에를 떠나라는 명령을 받았고, 그날 밤 그들은 체포되었다. 예니는 다음과 같이 말했다.

지평선은 벨기에에서도 암담한 것이었습니다. 이 나라에선 특히 민중의 사회적 요소인 노동자가 두려움의 대상이 되어 있습니다. 경관, 군인, 민경(民警)이 모두 동원되고 있습니다. 모두가 전투 준비를 하고 있었습니다. 그래서 독일인 노동자들[3]도 무장해야 한다고 생각한 것입니다. 사람들은 수류탄이나 연발 권총 따위를 구했습니다. 카를은 기꺼이 그가 쓸 수 있는 돈을 그들에게 주었습니다. 정부는 그것을 음모로 여겼습니다. 카를은 은행에서 돈을 찾아 그것으로 무기를 샀습니다. 그는 추방될 것이 틀림없었습니다.

그날 밤 늦게 두 사내가 우리 집을 찾아왔습니다. 카를을 만나겠다는 것이었습니다. 카를이 현관에 나가자 그들은 자기네가 경관임을 밝히고 영장을 내보인 후 카를을 체포하고 가택수색을 했습니다. 그들은 카를을 연행하여 어둠 속으로 사라졌습

▪ ▪ ▪
3) 당시 벨기에에는 수천 명의 독일인 노동자가 있었다.

니다. 무서운 예감이 나를 사로잡았습니다. 나는 카를의 뒤를 쫓다가 무슨 일이 벌어졌는지 알기 위해 유력한 사람들을 찾아 나섰습니다. 어둠 속에서 이 집 저 집으로 바삐 돌아다녔습니다.

그런데 갑자기 야경원 한 사람이 내 멱살을 잡고 나를 체포해서 어떤 컴컴한 감방에 밀어 넣었습니다. 그곳은 주거불명의 걸인이나 국적 없는 부랑자, 또는 타락하고 불행한 여자를 집어 넣는 감방이었습니다. 빛이라곤 없는 방 속에 나는 갇혔습니다. 내가 흐느껴 울면서 그곳에 들어가자 나의 불행한 동료 여자 한 사람이 자기 침대를 내게 내줬습니다. 그것은 딱딱한 나무 침대였습니다. 나는 그 침대 위에 쓰러졌습니다. 날이 밝을 무렵 맞은편에 있는 쇠창살 너머로 죽은 사람처럼 창백한 슬픈 얼굴이 보였습니다. 가까이 다가가서 보니, 그것은 우리의 오랜 친구 지고(Gigot)였습니다. 그는 나를 보자 눈짓을 하면서 아래층에 있는 방들을 손으로 가리켰습니다. 그쪽으로 시선을 돌리자 군인들의 호위를 받으면서 연행되는 카를의 모습이 보였습니다.

1시간 뒤에 나는 예심판사 앞으로 끌려갔습니다. 2시간 동안 심문을 받았는데, 그 심문에서 판사는 내게서 어떤 꼬투리도 잡지 못했습니다. 이에 나는 두 헌병의 호위를 받으며 마차에 태워져 저녁 무렵에야 나의 애처로운 세 아이들이 있는 곳으로 돌아올 수 있었습니다.

그 사건은 커다란 반향을 불러일으켰습니다. 모든 신문이 그

1845년의 브뤼셀 모습.

사건을 보도했습니다. 그로부터 얼마 뒤 카를도 돌아왔지만, 즉시 브뤼셀을 떠나라는 명령을 받은 상태였습니다. 그는 이미 파리로 갈 작정을 하고 있던 터라 루이 필립 시대에 받았던 추방령의 취소를 청구하는 서한을 프랑스 임시정부에 보내 놓았었습니다. 이윽고 플로콩의 서명이 있는 서한이 날아들었습니다. 그 서한에서 임시정부는 (카를에게) 아첨하는 듯한 말투로 지난날의 추방령을 취소한다고 밝히고 있었습니다. 그렇게 해서 우리는 다시 파리로 갈 수 있게 되었습니다. 더구나 새로운 혁명의 태양이 떠오르고 있었던 시기이니만큼 파리 생활은 우리에게 아주 기분 좋은 것이 될 게 분명했습니다. '빨리, 빨리' 하고 우리는 서둘렀습니다. 나는 급히 소지품만 꾸리고 나서 팔 것은 팔아 치웠습니다. 그리고 은제 그릇과 브뤼셀에서 갖고 있었던 가장 좋은 내의류를 넣은 커다란 상자를 서점 주인 보글레르 씨에게 맡겼습니다. 그 보글레르 씨는 우리가 출발할 때도 친절하게 여러 가지 일을 보살펴 주었습니다.

  그렇게 해서 우리는 브뤼셀에서 3년을 보낸 뒤 그 도시를 떠났습니다. 잿빛으로 가득한 추운 날이었습니다. 우리는 아이들이 추위에 떨까 봐 무척 신경을 썼습니다. 가장 어린 아이가 겨우 한 살이었기 때문입니다.

  마르크스는 아내의 신상에 일어났던 그 사건을 몹시 마음

아파했다. 그는 플로콩의 《개혁(la Réforme)》 지상에서 격렬한 어조로 그 사건을 비난했으며, 엥겔스도 《북극성(Northern Star)》 지상을 통해 분노를 터뜨렸다. 벨기에 정부는 그 경찰의 태도가 세상에 준 충격이 컸다는 것이 알려지자 체포의 책임을 물어 경찰관 몇 명을 해임하지 않을 수 없었다.

마르크스 부부가 발을 디딘 파리는 금방이라도 터질 듯 혁명의 열기가 뜨거웠다. 예니는 요제프 바이데마이어(Joseph Weydemeyer)에게 보낸 편지에 이렇게 썼다.

> 여기서 일어나고 있는, 그리고 시시각각으로(de minute en minute)[4] 동요가 심해지고 있는 흥미로운 여러 사건에 대해서도 더 많이 알리고 싶습니다. 오늘 밤엔 노동자 4만 명이 시청 앞을 행진했으며, 군중의 떠들썩한 집단은 새롭게 늘어나고 있습니다. 하지만 나는 집안일과 세 아이들 뒷바라지에 쫓기고 있어서 당신과 부인에게 마음 어린 인사를 보낼 정도의 겨를밖엔 없습니다. 안녕, 친구여 우정을(Salut et fraternité). 당신의 시민 (citoyenne), 당신의 방랑자(vagabonde)로부터.

• • •
4) 프랑스 어로 된 대목은 예니가 쓴 원문 그대로이다.

혁명의 소용돌이는 전 유럽에 반향을 불러일으키고 있었다. 마르크스와 엥겔스는 쾰른[5]으로 돌아가 조국에서 벌어지는 투쟁에 참가하기로 결심했다. 예니와 아이들과 렌헨은 며칠 동안 트리어에 가 있다가 나중에 마르크스와 합류했다. 독일에서는 무서운 사건들이 전개되고 있었다. 도시에서 도시로 퍼져 가는 노동자의 봉기에 대한 탄압은 극도로 가혹했다. 마르크스는 여러 차례나 죽을 뻔했다. 예니는 빙겐(Bingen)에 있는 친구들의 집으로 피난을 가야만 했다.

6월 29일, 동생 에드가르의 약혼자였던 리나 쉴러에게 보낸 편지에 예니는 이렇게 썼다.

생활은 장밋빛이 아니라오. 친애하는 리나, 다른 사람이 아닌 당신이기 때문에 이런 말을 할 수 있답니다.…… 카를이 갖가지 위험을 용케도 벗어났다는 것을 생각하면 나는 소름이 끼쳐요. 나는 언제나 카를이 더욱 커다란 그리고 무서운 고난을 겪게 되지나 않을까 하고 상상하면서, 우리의 가까운 장래의 생활조건에 관해서 아직 아무런 결심도 못 하고 있답니다. 나의 카를은 변함없이 낙관적이며 용기에 차 있습니다. 그리고 지금 우리를 압도하고 있

●●●
[5] 그들은 쾰른에서 《신(新)라인신문》을 발행하는데, 《신라인신문》은 독일에서의 1848년 혁명에 커다란 역할을 하게 된다.

《신라인신문》 1848년 6월 1일자 신문(위)과
《신라인신문》 편집위원 당시의 마르크스(아래 왼쪽)와 엥겔스(오른쪽).

는 모든 것 속에서 인생에 대한 우리의 생각이 가까운 장래에 승리하리란 조짐을, 그날이 오면 맞게 될 완전한 승리의 조짐을 보고 있답니다.

마르크스는 다시 파리로 갔다. 7월 중순께 그는 예니에게 자기가 있는 곳으로 오도록 소식을 전했다. 역사의 반동이 곳곳에서 승리를 거두고 있었다. 루이 보나파르트 나폴레옹이 프랑스공화국의 대통령이 되었다. 7월 19일, 경관 한 사람이 마르크스의 집에 찾아와 마르크스와 그의 부인에게 마르크스가 정부로부터 모르비방(Morbiban)*에서 거주하라는 명령을 받았다고 알려 주었다. 마르크스는 그 유배(流配)를 거부하고, 1849년 8월 24일 런던으로 출발했다. 예니와 아이들에게 이별을 말하기란 가슴아픈 일이었다. 예니는 네 번째 아이가 태어나기를 기다리고 있던 참이었다. 마르크스는 그녀에게 자기가 있을 곳으로 곧 오도록 수없이 당부했다. 그는 친구인 프라일리그라트(Ferdinand Freiligrath)6)에게 보낸 편지에서, 9월 15일에 예니가

• • •
* 브르타뉴 지방의 대서양 해변에 있는 벽지―옮긴이.
6) 독일의 시인(1810~1876)으로 뛰어난 정치시로 유명하다. 1848년의 3월혁명 직후 망명지인 런던에서 귀국해서 《신라인신문》의 편집에 협력하다가 다시 런던으로 망명했다. 마르크스 전기를 쓴 프란츠 메링에 따르면 그는 "사회주의적 서정의 절정이라고 할 만한" 시집을 펴냈고, 위고, 번즈, 롱펠로 등의 작품들을 번역했다고 한다. 런

페르디난트 프라일리그라트.

오기로 되어 있어서 그녀의 도착을 기다리고 있는 중이지만, 런던에 가족을 정착시키는 데 필요한 돈을 어떻게 마련해야 좋을지 모르겠다고 썼다. 하지만 그의 친구들이 여비를 마련해 주었으며, 1849년 9월 17일, 예니와 렌헨과 아이들은 영국으로 가기 위해 배에 올라탔다.

● ● ●

던에서 『자본론』의 완성과 가족의 부양 책임을 지고 그날그날의 생활에 쪼들리고 있던 마르크스를 도운 사람으로는, 엥겔스와는 비교할 수 없으나, 장사의 경험도 갖고 있었던 프라일리그라트를 꼽을 수 있다고 한다. 프란츠 메링(Franz Mehring, 1846~1919)은 독일의 역사가, 문학사가, 평론가이며,《신시대》,《라이프치히 인민신문》에 참가했고, 로자 룩셈부르크, 리프크네히트 등과 1916년 '스파르타쿠스단'을 결성했다.

5장

어두운 나날

> 나의 입술이 없다면 너는 어떻게 될까?
> 사랑이 없다면 나는 어떻게 될까?
>
> – 폴 발레리*

1856년 6월 21일, 맨체스터에 머물고 있던 마르크스는 아이들과 함께 트리어의 어머니 집에 가 있는 아내에게 보낸 편지에 다음과 같이 썼다.

> 진심으로 사랑하는 사람,
>
> 당신에게 또 편지를 쓰는 것은 내가 고독하기 때문이오. 그리고 당신에게 아무것도 알리지도 못하고 당신이 듣거나 대답하지도 못하는 처지에서 머릿속으로만 쉴새없이 당신과 대화하는

---

* 프랑스의 시인, 수필가, 비평가(1871~1945). 대표적인 시로 〈젊은 파르크〉, 〈매혹〉 등이 있다.

영국 섬유산업의 중심도시였던 맨체스터 시의 모습 (1834).

것이 괴롭기 때문이오. 당신의 초상(肖像)은 아무리 잘못되어 있더라도 매우 도움이 된다오. 그래서 난 이제야 알게 되었소. 저 검은 옷의 성모도, 그리스도 어머니의 아무리 나쁜 초상도 냉정한 숭배자를 가질 수 있다는 것을. 아니 지독한 초상일수록 훌륭한 초상 이상으로 많은 숭배자를 가질 수 있다는 것을. 아무튼 그 검은 성모의 그림 가운데서 당신의 사진 이상으로 입맞춤을 받고 상냥한 눈길을 받고 우러름을 받은 그림은 다시는 없을 것 같소. 더구나 당시의 사진은 검지는 않지만 잘된 것이 아닌데도, 입맞춤을 받기 위해 만들어진 것 같은 그렇게도 미묘하고 부드러운 당신의 얼굴을 그 사진이 조금도 반영하고 있지 않은데도 말이오. 하지만 나는 당신의 모습을 일그러뜨리고 있는 광선을 수정해서 보려 하고 있어요. 그렇게 하면 램프와 담배 연기로 피로에 지친 내 눈이, 꿈속에서만이 아니라 눈 뜨고 있을 때도 당신의 진정한 모습을 그릴 수 있다는 것을 발견했소. 당신은 살아 움직이는 모습으로 내 앞에 있는 것이오. 그러면 나는 두 팔로 당신을 안지요. 나는 당신에게 발끝에서 머리끝까지 입맞춤을 퍼부으며 당신 앞에 무릎 꿇고 신음하듯 속삭이오. '예니, 나는 당신을 사랑하오'라고. 사실 나는 베네치아의 모르 인(무어 인)이 일찍이 사랑했던 적이 없을 만큼 당신을 사랑하오. 허위로 가득 찬 부패한 세상은 모든 인간의 성격을 잘못 이해하고 있어요. 나를 중상하는 많은 인간들 가운데, 나를 향해 악독한 말을 내뱉

1850년의 예니 마르크스(36살).

는 적들 가운데, 내가 2류 극장에서 사랑하는 남자의 주역을 해낼 재능을 갖고 있는 사람이라고 일찍이 나를 비난했던 자가 누가 있었던가? 그것이 사실인데도 말이오. 그 무뢰한들에게 나쁜 지혜가 있었다면, 그들은 한편으로는 (상품의) 생산 및 유통을 묘사하고, 또 한편으로는 당신의 발밑에 무릎을 꿇고 있는 나를 묘사했을 것이오. 이 그림을 보고 저 그림을 보라(Look to this picture and to that)¹⁾고 그들은 그 그림 밑에 써 넣었을 것이오. 하지만 그들은 어리석고도 변변치 못한 자이며 언제까지나(in secula seculorum)²⁾ 여전히 어리석을 사람들이오.

일시적인 부재(不在)는 좋은 일인 것 같아요. 눈앞의 일들은 모두 비슷하게 보여서 분간할 수가 없어요. 탑조차도 가까이서 라면³⁾ 작게 보이는 데 반해 일상의 사소한 일이라도 가까이서 라면 너무나 크게 확대되어 보이지요. 감정에서도 마찬가지가 아닌지? 작은 습관은 가까이서 보면 정열적인 형태를 취하고 있는 것처럼 보이지만, 그 직접적인 대상이 시야로부터 멀어지기만 하면 금방 없어져 버리게 돼요. 그에 반해서 커다란 감정은 그 대상이 가깝게 있을 때는 작은 습관의 형태를 취하고 있는 것처럼 보이지만, 그 대상으로부터 멀리 떨어지면 마법과 같은 힘에 의해서 커다랗게 되어 그 본래의 크기를 되찾는 것이지요. 당신에 대한 나의 사랑도 그와 마찬가지입니다. 당신이 내게서 떠나 있기만 해도 나는 곧바로 알게 돼요. 마치 햇빛과 비가 식물을 성장시키듯이, 시간은 나의 사랑을 더 깊고 크게만 만들 뿐이

● ● ●

1) 마르크스의 편지 원문 그대로이다.
2) 마르크스의 편지 원문 그대로이다.
3) 그것은 분명히 잘못 쓴 말일 것이다. 마르크스는 '멀리서라면'이라고 쓸 셈이었으나 그렇게 쓰고 만 것 같다.

1861년 5월의 마르크스(43살).

라는 것을. 당신에 대한 나의 사랑은 당신이 멀어지자마자 그 본래의 크기로, 즉 거대한 것으로 되살아난다오. 그리고 내 정신의 모든 에너지와 내 마음의 모든 것이 당신에 대한 사랑으로 집중되지요. 나는 커다란 정열을 느끼게 되는 까닭에 내가 새롭게 인간이 되었다는 것을 자각하오. 근대적인 연구와 도야에 의해서 우리가 그 안에 휩싸여 들어가게 되는 복잡성과, 그것으로써 우리가 모든 주관적 객관적 인상을 필연적으로 비판하는 회의주의는 우리 모두를 왜소하고 나약하고 어리석고 우유부단한 사람으로 만드는 데 아주 제격인 것이라 할 수 있어요. 그러나 사랑은, 포이어바흐의 이른바 존재에 대한 사랑도 아니고, 몰레스코트(Moleschott)[4)]의 이른바 변질(變質)에 대한 사랑도 아니고, 프롤레타리아트에 대한 사랑도 아닌 사랑하는 사람에 대한 사랑은, 그리고 이름을 들어 말해서 당신에 대한 사랑은 인간을 다시금 인간으로 만듭니다.

그리운 사람, 당신은 틀림없이 미소를 머금겠지. 그리고 왜 내가 갑자기 그런 수사학을 펴 보이는가를 틀림없이 자문하겠지. 사실 그렇게도 부드럽고 그렇게도 청순한 당신의 가슴을 나의 가슴에 끌어안을 수만 있다면 나는 입을 다물고 한 마디도 하지 않았을 것이오. 나의 입술로 입맞춤을 해 줄 수가 없기 때문에 나는 말로 당신에게 입맞춤을 하지 않을 수 없어요. 실제로 나는 시조차도 쓸 수 있을 것 같소. 그리고 오비디우스(Naso Ovidius)*의 『비탄의 글』을 본떠서 튜톤 민족의 '비탄의 글'을

• • •

4) 마르크스와 같은 시대 사람으로 영국(정확히는 네덜란드)의 물리학자(사실은 생리학자)이자 화학자(1822~1893)이다.
* 로마 제국 시대의 시인(기원전 43~기원후 17). 즐거움을 노래하는 연애시로 유명하며, 호라티우스와 더불어 로마 문학의 황금기를 이루었다. 『변신 이야기』, 『사랑의 기술』 등의 작품이 있다―옮긴이.

운문으로 쓸 수도 있을 것 같아요. 오비디우스는 황제 아우구스투스로부터 추방된 데 지나지 않소. 그러나 나는 당신으로부터 추방되어 있어요. 그것은 오비디우스조차도 경험하지 못했던 운명입니다.

하긴 여자들은 많이 있고 그 가운데 어떤 사람은 아름답지요. 하지만 하나하나의 선, 하나하나의 주름살조차도 내 생애의 가장 커다란, 가장 즐거운 추억을 내 마음 속에 되살아나게 하는 얼굴을 어디서 찾을 수 있겠어요? 내 영원한 고통, 내가 입은 돌이킬 수 없는 손실[5]을 나는 당신의 상냥한 얼굴에서 읽게 되기 때문에 당신에게 입맞춤을 하면 나는 고통으로 몸이 부서지는 듯한 생각이 들어요. '그의 팔에 안겨 묻히고 그의 입맞춤에 의해 소생하게 되는' 나입니다. 즉 당신의 팔에 안겨 묻히고 당신의 입맞춤에 의해 소생하게 되는 나는 브라만과 피타고라스에게는 그 윤회·전생(轉生)의 가르침을, 그리스도교에는 그 부활의 가르침을 선물하는 자입니다.

8월 8일에 보낸 한 통의 짧은 편지에서 마르크스는 이렇게 썼다.

● ● ●
5) 세 자녀(기도, 프란치스카, 에드가르)와 사별(死別)한 것을 가리킨다.

그렇게도 상냥한 사람. 나의 사랑하는, 나의 오직 한 사람뿐인 사람. 나는 당신과 아이들이 오기를 학수고대하고 있지만 그리고 그것은 아주(quite)[6] 말로 다 할 수 없는 것이지만—당신이 1주일 동안 더 트리어에 머물러 있기를 바라고 있소. 당신이나 아이들을 위해 그러는 편이 좋을 것 같기 때문이오. 그럼 내일 또. 당신의 카를 마르크스로부터.

추신(追伸)에서 마르크스는 예니에게 "천 번의 입맞춤"을 보내고 그의 런던 생활의 자질구레한 일들을 알린 뒤, 공산주의자동맹에 가입해 있는 언어학자 피퍼(Pieper)가 그의 집에 와 있다고 말했다.

피퍼가 당신의 자리에서 나와 함께 잠을 잔다오. 끔찍한 일이오(Horrible)![7] 같은 방에서 자다니……

당시 마르크스는 38살, 예니는 42살이었다. 두 사람이 결혼한 지도 12년이 지났지만, 그리고 힘든 생활 속에서 온갖 풍파를 겪었지만 그것들은 그들의 사랑을 조금도 손상시키지 못했

• • •

6) 이 말은 마르크스의 원문 그대로이다.
7) 이 말은 마르크스의 원문 그대로이다.

다. 앞에서 인용한 1856년 6월 21일의 편지는 그 점을 밝히는 아주 중요한 자료이다. 마르크스는 그 편지에서 그의 젊은 날의 갖가지 낭만주의와 매혹당한 자의 마음에서 나오는 정열과 사랑하는 남자의 부드러움을 다시 드러내고 있다. 그의 애정 생활은 그 편지 속에 남김없이 반영되어 있다.

그러나 두 사람을 굳게 맺어 준 깊은 사상적인 일치를 알지 못하고는 마르크스가 예니에게 느꼈던 그 어떤 감정들도 제대로 이해할 수 없을 것이다. 예니는 자신의 남편에 대해 세상에 다시없는 감탄을 느꼈을 뿐만 아니라, 남편의 견해에 완전히 공감하고 있었다. 그녀는 남편의 일에 협력하고 남편에게 조언하고 남편의 말에 귀를 기울였다. 마르크스가 자신을 모함한 포크트(Karl Vogt)*에 대해 반박문을 썼을 때, 그녀는 그 글에 어떤 제목을 달아야 하는지에 대해 마르크스와 오랫동안 의논했다. 그녀는 스스로 자기는 남편의 비서[8]라고 선언했다. 그녀는 마르크스와 자신의 집에서 열린 정치집회에도 참석했다.

* * *

* 독일의 동물학자로 다윈주의적 유물론자(1817~1895)이다. 포크트가 『알게마이네 차이퉁에 대한 나의 고발』(제네바, 1859)이라는 제목의 책에서 마르크스를 비방하고 그가 지도하는 공산주의자동맹을 공갈단으로 묘사한 데 대해, 마르크스는 『포크트 씨(Herr Vogt)』(런던, 1860)라는 책을 써서 포크트의 거짓된 주장을 결정적으로 깨뜨리는 한편 그의 정치적 선전이 바로 보나파르티즘에 지나지 않는다는 것을 증명했다.
8) 예니는 훗날 다음과 같이 회상했다. "카를의 작은 방에서 내가 파리 발자국 같은 글

마르크스는 놀라우리만큼 열성적으로 일했다. 밤낮없이 읽고 또 썼다. 이 세상에 그처럼 부지런한 사람을 찾기 힘들 정도였다. 그의 저작들의 부피는 방대했다. 그러나 그것들은 조금도, 또는 거의 돈이 되지 못했다. 그는 그 때문에 절망하기도 했다. 왜냐하면 무서운 가난이 몇 년 동안 내내 그의 가정을 떠나지 않았고, 그 때문에 아내와 아이들의 고통이 심했기 때문이다. 그는 그의 학문적인 연구를 포기하고 영국의 어떤 철도회사에 서기로 취직해 보려고도 했다. 그러나 지독한 악필 때문에 채용되지 못했다(1862년 9월경).

예니는 런던으로 돌아온 직후인 1849년 11월 5일 차남 기도(Guido)를 낳았다. 그러나 그 아들은 1850년 11월 19일에 죽었다. 부모의 비탄은 한없이 컸다. 마르크스는 엥겔스에게 보낸 편지에 이렇게 썼다.

> 자네 편지는 내 아내에게 큰 위안을 주었네. 아내는 몹시 흥분해서 위험한 상태였었네. 아내는 몸소 그 아이에게 젖을 물렸고, 가장 어려운 조건 속에서 가장 커다란 희생을 치러 가면서

••• 씨로 쓴 그의 원고를 정서하던 날들의 추억은 내 생애에서 무척 행복했던 시절의 추억 가운데 하나입니다."

1850년의 런던.

그 아이를 지금까지 키워 왔기 때문이지.……

마르크스 일가는 당시 런던의 서남쪽에 있는 첼시(Chelsea) 지구 앤더슨가(街) 4번지에 살고 있었다. 경사가 완만한 그 거리는 오늘날 런던 수도권에 속해 있는데, 킹스 로드에서도 멀지 않으며 현대적인 상점과 멋진 레스토랑 그리고 값비싼 골동품 상점 등이 들어서 있다. (2차 세계대전 때) 독일의 전격전으로 파괴된 가옥들 대신 현대적인 건물들이 들어섰는데, 그 집세는 매우 비싸다.

그러나 1백년 쯤 전의 첼시 지구는 몹시도 가난한 지역이었다. 마르크스 일가는 그 지구의 초라하기 짝이 없는 집에서 살고 있었다. 하지만 거기서 산 지 6달 만에 마르크스 일가는 내쫓기고 말았다. 집세 5파운드를 제때에 물지 못했기 때문이다. 그들은 그후 잠시 동안 레스터 스퀘어 부근에 있는 도이치 호텔에서 살았다. 그 건물은 오늘날 없어지고 그 자리에는 다른 호텔이 들어서 있다. 이어서 그들은 소호 지구의 딘(Dean)가(街) 64번지로 옮겨 갔다. 그 집도 훗날 헐렸다. 오늘날 그 자리에는 레코드 가게가 들어서 있다. 그 후 얼마 만에 그들은 다시 그곳을 떠나 같은 거리의 28번지에 있는 5층 건물에서 살았다. 비좁고 어두컴컴한 방 두 칸짜리 아파트로, 충직한 렌헨을 포함한 온 가족이 겹치듯이 옆으로 누워 자지 않으면 안 되었다.

마르크스가 연구했던 대영박물관의 1845년 모습.

그 집은 지금도 그대로 남아 있다. 그 건물에는 오늘날 이탈리아식 식당이 들어 있으며, 부근에도 같은 종류의 식당이 많다. 거의 외국인이 경영하는 식당들이다. 소호 지구는 런던의 스트립쇼 흥행장들이 밀집되어 있는 지역의 하나이기도 하다. 당시 그곳은 노동자들의 거주지역으로, 이미 많은 이주민들이 살고 있었다. 전 유럽에서 모여든 위그노파 교도들이 이미 17세기

대영박물관의 도서관 모습.

말에 그곳에 정착했던 것이다. 장-폴 마라(Jean-Paul Marat)*도 마르크스 일가가 오기 75년 전에 그곳에서 살았던 적이 있다.

●●●
* 프랑스의 정치인, 의사, 언론인(1743~1793). 프랑스혁명 당시 신문 《인민의 벗》을 창간하여 급진적인 주장으로 파리 민중의 혁명적 민주주의를 옹호했다. 산악당 지도자였으며, 목욕하다가 보수적 지롱드당의 여성에게 암살당했다―옮긴이.

다행히도 대영박물관은 딘가에서 걸어서 10분 걸리는 곳에 있었다. 마르크스는 될 수 있는 대로 그곳에서 시간을 보냈다. 그는 좁은 공간에 가족들이 옹기종기 모여 있는 불편한 집에 돌아와서도 일을 계속했다. 그는 어떤 처지에 놓여 있었던 것일까. 그는 빚쟁이들에게 시달리면서, 그리고 대개의 경우엔 약방이나 빵 가게나 식료품 가게나 석탄 가게에 외상값을 갚을 돈 한 푼 없이 예니와 함께 힘겹게 생활했다. 그리고 그런 상태가 몇 년이고 계속되었다. 19세기 후반의 저 소름끼치는 회색의 런던 빈민굴에서는 결핵이 극도로 창궐했다. 몇 천 명이나 되는 어린아이들이 죽어 나갔다.

마르크스의 아이들도 마찬가지였다. 어린 기도(차남)는 1850년 11월에(생후 1년 만에) 죽었다. 1851년 3월 28일에는 프란치스카(3녀)가 태어났지만 그 아이도 겨우 1년 남짓밖에는 살지 못했다. 1852년 4월 14일 그 어린것도 오빠 뒤를 따랐다. 예니는 이렇게 썼다.

살아 있는 세 명의 아이들이 바로 우리 곁에 누워 있는데, 그 조그만 천사가 바로 우리 곁에서 핏기가 걷히며 차갑게 죽어 가고 있는 것을 보고 우리는 통곡했습니다. 사랑하는 그 아이가 죽은 것은 우리가 가장 궁핍했던 시기였습니다. 나는 부근에 사는 프랑스 인 망명자의 집으로 달려갔습니다. 그 사람이 조금 전에

마르크스의 사랑

마르크스의 넷째 딸 엘레아너(1864).

우리를 방문해 주었기 때문입니다. 그는 진심에서 우러나오는 동정을 표시하면서 나에게 2파운드를 빌려 주었습니다. 그 2파운드 덕택에 우리는 관을 살 수 있었습니다. 그 관 속에 나의 불쌍한 그 아이는 지금 편안히 잠들어 있습니다. 그 아이는 태어났을 때 요람조차도 갖지 못했는데, 마지막 잠을 자야 하는 관조차도 그 아이를 오랫동안 거절한 것입니다.

1855년 1월 16일에 엘레아너(Eleanor)가 태어났다. 같은 해 4월 6일에는 에드가르(장남)가 (9년 9개월을 살고) 죽었다. 가난이 극심해서 관을 사기 위해서는 옷을 팔지 않으면 안 되었다.[9]

마르크스는 변함없이 일했다.《뉴욕 데일리 트리뷴(New York Daily Tribune)》지를 위해 논설을 썼고(10년 동안에 5백 차례 이상이나 되었다),『루이 보나파르트의 브뤼메르 18일』(1852)과『쾰른 공산당 재판의 폭로』(1853)를 써서 출판했으며,『자본론』을 쓰기 위해 방대한 양의 자료를 모았다.

물질적인 것에 대한 근심 걱정이 마르크스와 예니의 생활을 피폐하게 만들었다. 그들이 런던에 오고 난 후 곧바로 예니는 요제프 바이데마이어에게 이렇게 썼다.

이곳에서도 남편은 시민생활의 가장 경멸해야 할 걱정거리들 때문에 거의 무너져 내릴 지경입니다. 더구나 그것은 분해서 견딜 수 없을 만큼 지독한 것입니다. 따라서 그가 날마다 시시각각

• • •

[9] 1843년에 마르크스는,『유대인 문제에 붙여』라는 책에 이렇게 썼다. "거꾸로 된 이 세상에서 돈은, 신이 이 세상의 이론적 생활을 위한 것과 마찬가지로, 실제 생활을 위한 것이다. 즉 돈은 인간의 소외된 힘이며, 인간의 살려는 활동력이 경매에 붙여진 것이다. 돈은 인간의 가치를 숫자로 나타낸 것이며, 우리의 노예 상태의 표지이며, 지우기 어려운 우리의 굴종의 낙인이다. 매매의 대상이 될 수 있는 인간은 노예일 수밖에 없다. 거래라는 행위 위에 구축된 근대 세계의 본질은 그리스도교의 본질의 현실화에 지나지 않는다."

마르크스가 기고했던 《뉴욕 데일리 트리뷴》의 제호(1853년 4월 11일자).

의 투쟁에 견디기 위해서는, 온 힘을 다해 자기 존재에 대해 태연하고 침착한, 그리고 묵묵한 의식을 갖는 것이 필요합니다.…… 하지만 그런 자질구레한 괴로움이 나의 머리를 숙이게 한다고는 생각하지 마세요. 나는 우리의 투쟁이 고립된 것이 아니라는 사실을 잘 알고 있기 때문입니다. 그리고 나는 개인적으로는 선택된 행복한 사람들 중 하나이며 은총 받은 사람 중의 하나라는 것을 알고 있기 때문입니다. 내가 사랑하는 남편이, 나의 삶을 지탱해 주는 남편이 아직도 내 곁에 있답니다. 내 마음을 아프게 하는 단 하나는 남편이 그렇게도 많은 자질구레한 일들에 얽매여 있다는 사실입니다. 남편을 돕는 데는 약간의 것이 필요한 정도예요. 그런데도 그처럼 많은 사람들을 향해 기꺼이 온 우정을 쏟아 도와 온 남편이 여기서는 고립무원한 상태에 놓여 있답니다.

다행히도 친절한 엥겔스가 그곳에 있었다. 그리고 엥겔스는 자신이 할 수 있는 일은 다 해 주었다. 그러나 엥겔스 자신도 중대한 재정적 곤란에 직면해 있었다. 하지만 예니는—1853년 4월 27일에 쓴 비통한 편지에서—엥겔스에게 도움을 청하기로 결심했다.

친애하는 엥겔스 님.
돈에 관한 일로 편지를 써야 한다는 것은 참으로 쓰라린 일입니다. 당신은 지금까지 우리를 여러 차례 도와주셨어요. 그런데 우리는 지금 또 막다른 골목에 몰려 있답니다. 나는 하겐에게, 본과 게오르게와 크루스에게, 또 시댁 어머니와 베를린에 있는 언니에게도 편지를 썼습니다. 면구스러운 편지를. 하지만 아무에게서도 답장이 오지 않았어요. 사정이 그 모양이어서 우리는 지금 속수무책으로 있답니다. 우리가 처해 있는 형편을 이루 다 말할 수는 없습니다. 남편은 지금 런던 시에 가서 게르스텐베르크 씨에게 돈 마련을 부탁하고 있는 모양이지만, 그런 일을 한다는 것이 남편에게 얼마나 쓰라린 일인지는 잘 알고 계실 줄 압니다. 나는 그 사이에 이 편지를 쓰고 있습니다. 우리에게 얼마쯤 보내줄 수 없는지요? 빵 가게도 금요일 이후에는 외상으로 빵을 줄 수 없다고 우리에게 말하고 있는 실정입니다. 어제는 작은 무슈(Musch, 에드가르의 별명)가 또다시 곤란한 지경을 모면케 해 주었답니다. 빵 가게 주인이 '마르크스 씨 집에 계시니?' 하고 묻자 무슈는 '아니요, 안 계세요'라고 대답했대요. 그러고 나서 무슈는 빵 3개를 팔로 안아 들고는 부리나케 줄달음을 쳤다고 합니다. 집에 와서 그의 재빠른 솜씨를 우리들에게 이야기하더군요. 그럼 이만.

예니 마르크스

마르크스가 엥겔스에게 보낸 편지는 그의 가족 위에 덮친 무서운 비참함으로 가득 차 있다.

아내는 병들고 작은 예니도 앓고 있으며, 엘레아너는 신경열(神經熱) 비슷한 증세를 보이고 있네. 의사는 부르지 못했고 지금도 부르지 못하고 있네. 치료비를 치를 돈이 없기 때문일세. 1주일째 나는 빵과 감자로 가족을 부양하고 있다네. 그리고 오늘은 그것이나마 손에 넣을 수 있을는지 의문일세. 그런 조잡한 식사는 물론 좋을 리가 없지. 기온마저 이 모양이니…… (1852년 9월 8일)

아내는 육체적으로 전에 없이 약해져 있네. 아주 몹시 쇠약해져 있네.(1852년 9월 18일)

……아내는 병든 아이들을 보살피느라고 여러 날 밤을 새웠

마르크스의 부인 예니(41살)와 그의 첫째 딸 예니(1855).

기 때문인지 몸의 상태가 아주 좋지 않네. 그리고 더욱 나쁜 것은 의사의 진찰을 받으려 하지 않고 자기가 알아서 치료를 하려는 것일세. 2년 전에 똑같은 증세를 앓았을 때 프로인트 선생의 약을 먹고 도리어 상태가 나빠졌다는 것을 구실로 내세우면서 말일세. 아내에게 차도가 없으면 결국 무리하게라도 의사의 진찰을 받게 할 수밖에 없네.(1854년 6월 3일)

아내는 병석에 누워 있네. 어제 마침내 아내를 설득하여 프로인트 선생의 진찰을 받게 했지. 갈 수만 있다면 독일에 가서 휴양하도록 하라고 프로인트 선생은 말하고 있네.……(1854년 6월 13일)

금주 말쯤 아내는, 만약 그럴 만큼의 힘이 자기에게 있다고 느낀다면, 아이들과 헬레나를 데리고 에드워튼의 자일러(Seiler) 씨 별장에 가서 2주일간을 지내게 될 것일세. 아내가 시골의 공기로 원기를 되찾아 트리어로 여행하는 것이 가능해질지도 모르네. 사실 말이지, 그런 자질구레한 갖가지 비참 때문에 나는 개처럼 슬픈 기분에 빠져 있다네. 가족을 거느리지 않은 자는 행복할진저.(1854년 6월 21일)

마르크스는 "가족을 거느리지 않은 자는 행복할진저"라는 말을 썼다. 그가 자신의 아이들을 얼마나 사랑했는지를 안다면, 그가 그 무렵 얼마나 밑바닥 생활에 허덕이고 있었던지를 이해할 수 있을 것이다.

마르크스 자신도 병에 걸렸다. 1855년 2월 13일, 그는 엥겔스에게 보낸 편지에 다음과 같이 썼다.

4~5주일 동안 내내 눈에 염증이 지독하게 심해 편지를 쓰지

못했네. 자네에게조차도 쓰지 못했네. 눈병은 아직도 다 낫지 않았네. 게다가 악천후 때문에 나의 여느 때의 비서(그의 아내-옮긴이)도 마음으로는 나를 돕고 싶어 안타까워 하지만 좀처럼 자리에서 일어나지 못하고 있다네. 그러나 조만간 또다시 그녀의 역할을 다하게 될 것으로 생각하네.

무슈(에드가르)의 죽음은 마르크스 일가를 불행의 나락으로 떨어뜨렸다. 1855년 4월 12일, 마르크스는 엥겔스에게 보낸 편지에 이렇게 썼다.

사랑하는 아들이 죽은 뒤로 우리 집은 당연한 일이지만 비탄에 잠겨 있으며, 고아가 되어 버린 듯한 느낌일세.…… 그 아이가 없다는 것이 우리를 얼마나 적막하게 하는지는 말과 글로 다 설명할 수 없네. 나는 이미 온갖 종류의 불운을 경험해 왔지만, 그러나 이번에야 비로소 진짜 불행이 무엇인지를 알 것 같네. 산산이 부서진 듯한(broken down)[10] 심경에 빠져 있다네.

같은 시기에 베스트팔렌 집안의 한 친척이 스코틀랜드에서 죽었는데, 그는 예니에게 소액의 유산을 남겨 주었다. 그녀는

●●●
10) 마르크스의 원문 그대로이다.

그것을 집을 옮기는 데 쓰기로 마음먹고 있었다. 그러나 그 사이에 막 80살이 된 어머니가 병상에 누워 있다는 소식이 그녀를 불안케 했다. 3월에는 예니의 90살 된 큰아버지가 죽었는데, 큰아버지도 그녀에게 약간의 유산을 남겨 주었다. 1856년 5월, 예니는 렌헨과 아이들을 데리고 트리어로 떠났다. 이 장(章)의 첫머리에 실은 마르크스의 쓸쓸한 편지는 그 시기에 쓴 것이다.

6장

헬레나 데무트

어두운 시인이여, 처녀의 유방은
너의 눈 앞에서 어른거리며 떠나지 않는다.
토라진 시인이여, 목숨은 들끓고 도시는 불타오른다.
그리고 하늘은 비가 되어 사라지고
너는 나래를 팔락이며 삶의 심장부를 후빈다.

― 앙트냉 아르토[*]

(앞 장의 첫머리에서 인용한) 1856년 6월의 편지는 하나의 극적인 위기를 겪은 지 얼마 안 되는 시기의 것이어서 더욱 중요하다. 그 위기를 겪는 동안에 마르크스와 예니의 가정은 붕괴될 위험에 직면했다.

마르크스는 앓고 있었다. 그는 1849년부터 간장질환으로 고통을 받고 있었다. 끊임없는 두통과 눈의 염증[1]이 그를 괴롭혔다. 야릇하게도 의사들은 약으로, 포도주를 마시라고 권했다.

● ● ●

* 프랑스의 극작가, 시인, 배우(1896~1948). 초현실주의 운동에 참여했으며, 잔혹 이론은 훗날 전위극에 큰 영향을 주었다―옮긴이.

그는 담배를 마구 피웠다. 가장 값싼 시가를. 그 대식가는 식량이 부족한 날에는—그런 날들이 얼마나 많았는지는 신만이 알고 있을 것이다—굶주린 배를 속이기 위해 갖가지 자극물로 빈약한 식사에 맛을 냈다. 가난은 뼛속까지 파고들어 때로는 절망적인 생각이 들기도 했을 것이다. 그리고 언제나 그렇게 침착하고 웬만한 일에는 흔들리지 않는 그의 아내도 축 늘어져 탄식해 마지않았다. 대개 병 때문에 자리보전을 하고 있던 그녀는 자살을 생각했고, 마르크스는 절망했다. 그는 편지에 종종 아내의 히스테리 발작과 괴팍한 흥분에 대해서 말했다. 그리고 그녀의 위험한 신경상태를 내비쳤다. 1851년의 편지에는 이렇게 씌어 있다.

집 안에서는 여전히 모든 것이 계엄령 아래 놓여 있네. 눈물의 냇물이 몇 날 밤이나 내 몸 위로 흘러내려 나를 초조하게 만들곤 하네.…… 아내가 가여워. 가장 크고 무거운 짐을 진 사람이 아내이기 때문에 사실 아내가 우는 것도 무리는 아닐세.

● ● ●

1) F. 르노(F. Regnault)의 「카를 마르크스의 질환(Les Maladies de Karl Marx)」(《인류학 평론(Revue d'anthropologie)》, 제43호, 1933에 수록). 그 연구는 마르크스의 서한집을 바탕으로 씌어진 것이다.

빌헬름 리프크네히트.

헬레나 데무트는 집안일을 도맡아 하면서 급료도 단념하고 마르크스가 새벽 3시까지 일하는 방 안의 거친 침대에서 잠을 잤다. 그녀는 아이들에게 제2의 어머니였다.

마르크스 일가와 오랜 세월에 걸쳐서 친교가 있었던 빌헬름 리프크네히트(Wilhelm Liebknecht)*는 다음과 같이 썼다.

마르크스가 가정을 갖게 된 후로, 렌헨은 마르크스의 어느 딸이 말하고 있는 것처럼 가정의 중심이 되어, 가장 완전하고 가장 높은 의미로 표현해서 모든 집안일을 해치우는 보조자가 되어 있었다. 그녀가 부탁받지 않은 일이 과연 있었던가? 그녀가 기꺼이 다하지 않은 일이 과연 있었던가?…… 더구나 렌헨은 언제나 쾌활하고 언제나 거들어 줄 자세로 기다리고, 언제나 미소를 잃지 않았다. 그러나 그녀도 성내는 일은 있었다. 그녀는 모르(마르크스의 별명)의 적들에 대해서는 맹렬한 증오심을 품고 있었다.

마르크스 부인이 병 치료를 할 때나 기분이 언짢을 때는 렌헨이 부인을 대신했다. 아이들에게는 그녀가 언제나 제2의 어머니 노릇을 해 온 터이기도 했다. 그녀는 타고난 의지, 강하고도 튼튼한 의지를 지니고 있었다. 필요하다고 생각한 일은 꼭 실현시키고야 말았다.

이미 말했듯이 렌헨은 일종의 독재권을 휘두르고 있었다. 마

* 독일의 사회주의자, 정치가(1826~1900). 독일혁명에 참가했다가 투옥되었으며, 그 후 스위스를 거쳐 영국으로 망명했다. 마르크스, 엥겔스의 영향을 받아 공산주의자가 되었으며, 1862년 귀국한 후 1869년 베벨과 함께 독일사회민주당을 창립했다. 그는 런던 망명 시절 매일같이 마르크스의 집에 들렀는데, 그의 저서 『카를 마르크스 회상록(Karl Marx, ein Lebensabriss und Erinnerungen)』(1896)은 중요한 마르크스 연구문헌 중의 하나이다 - 옮긴이.

르크스 부인과 렌헨의 관계를 정확히 말한다면, 집 안에서 독재권을 휘두른 사람은 렌헨이었고 권력을 쥐고 있던 사람은 마르크스 부인이었다고 말할 수 있다. 마르크스는 그 독재자에게 어린 양처럼 복종했다. 속담에도, 종복(從僕)에게 존경받는 위인은 없다는 말이 있다. 렌헨의 눈에는 마르크스도 결코 위인이 아니었다. 그녀는 필요하다면, 또 할 수만 있다면 마르크스를 위해 자기 몸을 희생물로 바쳤을 것이다. 그리고 마르크스 부부를 위해, 또 그 아이들 한 사람 한 사람을 위해 백 번이라도 자기의 목숨을 내주었을 것이다―그리고 실제로 그녀는 자기의 목숨을 그들에게 바친 것이나 다름없었다! 그러나 마르크스는 그녀를 경복(敬服)시키지 못했다. 그녀는 마르크스를 잘 알고 있었다. 그의 성격과 버릇도, 그의 약점도. 그러므로 그를 마음대로 다루었다. 그가 아무리 화를 낼 때라도, 아무도 그 곁에 갈 수 없을 만큼 큰 소리를 지를 때라도 렌헨은 사자의 우리에 들어가 사자가 투덜거리는 것을 열심히 타일렀다. 그러면 사자는 어린 양처럼 유순해졌다.

렌헨은 마르크스의 아이들의 마음속에 불멸의 추억을 남겼다. 엘레아너는―투시(Tussy)라는 애칭으로 불렸다―나중에 리프크네히트에게 보낸 편지에 이렇게 썼다.

리프크네히트와 엘레아너 마르크스 에이블링.

집 안에서의 헬레나의 존재는 회전하는 축과 같은 것이었습니다. 그녀를 친구로 친다면, 친구들 가운데서도 가장 친절하고 가장 충실한 사람이라고 할 수 있을 것입니다. 그러므로 모르에 대해서 글을 쓰게 될 경우엔 헬레나에 대한 것도 잊지 말아 주시기 바랍니다.

예니는 죽기 전에 간절하게 부탁했다. 렌헨이 죽으면 마르크스 일가의 묘지에 함께 매장해 달라고.[2] 엥겔스는 그 소원을 들어 주는 것을 그의 의무로 여겼다.[3]

그때는 예니가 남편 때문에 맛보아야 했던 고난을 극복한 후 상당한 세월이 흐르고 난 무렵이었다. 마르크스가 엥겔스에게 보낸 여러 통의 편지에서 밝히고 있는 그녀의 질투는 아주 이유가 없는 것이 아니었다.

무슨 일이 일어났던 것일까? 독자에게도 상상되는 바가 있을 것이다. 가장 고난이 심했던 시기에 겪었던 마르크스의 절망, 그의 정신적인 혼란과 렌헨의—그 맹목적으로 헌신적인 몸집 좋은 농민의 딸 렌헨의—커다란 동정은 단지 일시적이었던 마르크스의 행동을 설명하고도 남는다. 마르크스는 그 같은 행동을 한 자기 자신을 결코 용서하지 않았다. 그리고 그 행동은 그를 괴롭혔다. 그 괴로움은 엥겔스에게 보낸 여러 편지에 그런대로 잘 나타나 있다.

• • •

2) 렌헨은 9살 때부터 마르크스 부인의 생가 베스트팔렌가(家)에 와서 살았다고 한다. 가사(家事)의 천재로 알려진 그녀는 어머니 같은 애정을 가지고 마르크스의 자녀를 대했으며, 양친과 같은 권위를 갖고 있었다고 한다.
3) 렌헨은 마르크스가 죽고 난 뒤에는 엥겔스의 집에서 남은 생애를 보냈다. 마르크스 가족의 무덤들은 런던의 하이게이트 묘지에 있다. 마르크스와 예니 외에 그들의 손자 앙리 롱게(Henri Longuet, 1878~1883)와 헬레나 데무트가 여기에 잠들어 있다.

관계라는 말은 어쩌면 알맞은 말이 아닐지도 모른다. 삼각 관계라고 할 만한 것도 없었다. 마르크스가 그의 이른바 '진저리쳐지는 극한'에 도달했던 시기의 짧은 한때가 무엇이었던가를 아이들도, 큰 아이들조차도 결코 눈치 채지 못했다.

렌헨이 사내아이를 낳았다. 엥겔스는 스캔들을 피하기 위해 그 아이를 자기의 아들이라고 했다. 엥겔스가 그런 조치를 취하지 않았다면 당시 스캔들은 크게 번졌을 것이고, 마르크스의 신상뿐만 아니라 그의 저작에까지도 영향을 미쳤을 것이다. 예니와 마르크스는 그 일을 결코 입에 올리는 일이 없었다. 렌헨도 마찬가지였다. 아우구스트 베벨(August Bebel)[4]에게 보낸 루이제 폰 프라이베르거 카우츠키(Louise von Freyberger Kautsky)[5]의 1898년 9월 2일자 편지는 그 이야기를 다음과 같이 자세히 전하고 있다.

나는 다름 아닌 장군(엥겔스의 별명-옮긴이)으로부터 프레디 데무트(Freddy Demuth, 프레디는 프리드리히의 애칭-옮긴이)가

• • •

4) 독일의 혁명가(1840~1913). 엥겔스의 후계자의 한 사람(리프크네히트의 영향을 받아 마르크스주의자가 되었다. 라살파와 함께 독일 사회민주당을 창설했다—옮긴이).
5) 독일 사회민주당 지도자의 한 사람인 칼 카우츠키의 첫 아내. 렌헨이 죽고 난 뒤에 엥겔스의 가정부 겸 비서가 되었다.

엥겔스의 1864년 모습.

마르크스의 아들이라는 이야기를 들었습니다. 투시(엘레아너 마르크스─옮긴이)가 자꾸 졸랐기 때문에 나는 직접 그 노인에게 물었던 것입니다. 장군은 투시가 그처럼 고집스레 확신하고 있는 데 대해 몹시 놀라는 것 같았습니다. 그래서인지 엥겔스는 프레디가 자기 아들인데도 거짓말로 부인한다고 자기를 비난하는 험담꾼들의 재잘거림에 대해, 필요하다면 항의하는 권리를 나에게 부여했습니다. 당신은 알고 있겠지요, 훨씬 전에 장군의 영면을 알려 드린 일을. 그런데 장군은 세상을 뜨기 전에 무어(Samuel Moore)* 씨 앞에서 프레디 데무트가 카를 마르크스와 헬레나 데무트 사이에서 태어난 아들이라는 사실을 확실하게 밝혔습니다. 그래서 무어 씨는 오핑턴의 투시의 집에 가서 그 증언을 되풀이해 알려 주었습니다. 그 말을 듣고 투시는 무어 씨에게 거듭 말했습니다. '장군은 거짓말을 하고 있어요, 그 사람의 아버지는 자기라고 노상 내게 말했었는데……'라고. 무어 씨는 오핑턴에서 돌아와 다시 자세하게 장군에게 물었습니다. 그러나 노인은 그 말을 번복하는 일 없이 프레디는 틀림없는 마르크스의 아들이라고 말했습니다. 노인은 무어 씨에게 '투시는 아버지를 우상화하고 싶겠지'라고 말했답니다.

그런 일이 있었기 때문에 그가 죽기 전날인 일요일 밤에 장군은 다름 아닌 투시를 위해 그것을 석반(石盤) 위에 썼습니다. 그러자 투시는 몹시 놀라 밖으로 뛰쳐 나갔으며, 내게 품고 있던 일체의 증오를 잊고 내 팔에 안겨 울었습니다.

장군은 프레디에 대해 인색하다고 비난하는 사람이 있을 경우에만 그에 대한 해명을 입 밖에 내도 좋다고 우리들[무어 씨와

∙∙∙
* 영국 맨체스터의 법률가(1854~1938). 1863년부터 마르크스, 특히 엥겔스와 친교가 있었으며, 마르크스의 『자본론』을 영역했다—옮긴이.

마르크스와 엥겔스의 친구였던 새뮤얼 무어.

쿠겔만(Ludwig Kugelman)*씨와 나]에게 허락했습니다. 그는 그 사건이 누구에게도 도움이 되지 않는 만큼 그의 이름이 더럽혀지는 것을 원치 않았습니다. 그가 마르크스 대신 그 아이를 떠맡은 것은 마르크스로 하여금 가슴 아픈 집안 싸움을 모면케 하려는 마음에서였다고 여겨집니다. 우리와 무어 씨와 마르크스의 자녀들 이외의 사람으로는 라우라가 그 사건에 대해서 눈치를 채고 있었던 것이 아닌가 생각합니다. 하지만 아마도 그 사건을

• • •

* 독일 산부인과 의사(1828~1902)로, 마르크스와 엥겔스의 친구이며 제1인터내셔널의 일원이다. 마르크스가 그에게 보낸 편지는 『자본론』 및 마르크스주의의 중요 참고문헌이다―옮긴이.

직접 알고 있지는 못했을 것입니다. 마르크스에게 그런 아들이 있다는 것을 안 사람은 아마도 레스너(Lessner)*와 프펜더(Pfänder)뿐이었을 것입니다. 레스너는 프레디의 편지가 발표되기 훨씬 이전에 내게 말했습니다. '프레디는 틀림없이 투시의 오빠일 거요. 나는 그에 대한 정보를 얻었소. 하지만 그 아이가 어디서 양육되었는지를 밝혀내지는 못했소'라고.

프레디는 참으로 이상하리만큼 마르크스와 닮았습니다. 유대인임을 분명히 알 수 있는 그 얼굴, 숱이 많은 검은 머리 등. 그러므로 장군과 닮은 데가 있다고 생각하기에는 꽤나 맹목적인 선입관이 필요했습니다. 나는 당시 마르크스가 맨체스터의 장군에게 보낸 편지를 읽었습니다. 장군은 여러 왕복서한과 함께 그 편지를 찢어 버렸다고 생각됩니다.

이것이 그 사건에 대해서 내가 알고 있는 것의 전부입니다. 프레디는 자기 아버지가 누구인지를 그의 어머니로부터도 장군으로부터도 결코 얻어듣지 못했습니다.

당신이 그 문제에 대해서 써 보낸 편지를 다시 한 번 읽었습니다. 마르크스는 이혼을 두려워하고 있었습니다. 그의 아내는 질투심이 몹시 강했기 때문입니다. 그는 그 아이를 사랑하고 있

● ● ●
* 재단사 출신으로 마르크스와 엥겔스의 친구였으며, 독일 노동운동 및 국제혁명운동에 참가했다(1825~1910) ─ 옮긴이.

지는 않았습니다. 그 아이를 위해 무엇 하나 해 줄 용기가 없었습니다. 그런 일을 하면 큰 스캔들을 불러일으켰을 테니까요.[6]

엥겔스에게 보낸 편지에 "자식들만 없었다면 나는 자살했을 것"이라고 편지에 쓸 만큼 마르크스는 이제 스스로도 자기 자

● ● ●

6) 암스테르담의 '사회사 국제연구소'가 소장한 마르크스·엥겔스 문서 속에서 발견된 이 편지는 그 연구소의 협력자 베르너 블루멘베르크(Werner Blumenberg)에 의해 1962년에 처음으로 공개되었다. 이 편지는 우리가 알고 있는 한 그 사건의 유일한 문서이다.
프라이베르거 카우츠키 부인은 이 편지에서 자신에 대해 마르크스의 딸 투시가 품었던 증오를 지적하고 있다. 그와 같은 그들 사이의 감정은 추측하기 어려운 것이 아니다. 그러나 그 두 여인의 그런 확고한 고집도 이 편지 필자의 증언을 의심스러운 것으로 만드는 데는 충분한 것이 못 된다.
베르너 블루멘베르크는 그런 사실이 일어난 것은 아마도 1840년대 초반이라고 보고 있다. 니콜라 보디(Nicolas Baudy)는 베르너 블루멘베르크가 밝힌 사실을 들어 다음과 같이 단언하고 있다. "프레디의 생년월일은 지금도 우리 앞에 밝혀져 있지 않다"고 [『마르크스주의-자본론 간행 1백주년(Encyclopédie Planète)』(1967)]. 그런데 나는 런던에서 한 조사에 의해서 그 날짜를 확실히 밝힐 수 있었다. 렌헨의 아들(프리드리히 데무트)은 1851년 6월 23일 딘가(街) 28번지에서 태어났다. 그렇다면 그 사실이, 즉 프라이베르거 카우츠키 부인이 전하고 있는 그 사실이 일어난 것은 바로 마르크스의 생애 가운데서 가장 암담했던 시기, 가장 극심하게 가난했던 시기였던 것이다.
렌헨의 아들에 대한 것은 아주 조금밖에 알려져 있지 않다. 그는 아마도 영국의 어떤 사람에게 아주 좋은 조건으로 양아들로 맡겨졌던 것 같다. 그는 교육을 받고 제련소의 기사가 되었는데, 런던의 이스트 엔드(East End)에 있는 아주 친절한 클레이턴(Clayton)이란 사람의 집에서 오랫동안 살았다. 그 집안 자손의 한 사람인 찰스는 1960년대 말까지도 살아 있었는데, 프레디에 관한 일을 완전히 기억하고 있었다. 찰

신을 알 수 없었다. 그가 자기 자신을 되찾을 수 있게 해 준 사람은 예니였다. 예니는 마르크스를 용서하고 렌헨도 용서했다. 다시는 그 일을 입 밖에 내는 일이 없었다. 사랑이 배반당한 것은 빈곤 때문이었을 것이다. 예니는 눈물이 마를 만큼 울었고, 밤의 밑바닥에 있는 느낌마저 들었다. 그러나 예니는 변함없이 마르크스를 사랑했고 마르크스도 예니를 전보다 더 사랑했다. 예니가 트리어로 출발하던 날에는 태양이 새롭게 빛

● ● ●

스가 말한 바에 의하면[로버트 페인(Robert Payne)의 『카를 마르크스전』(W. A. 앨런 출판사, 런던, 1968)] 프레디는 키가 작았으며(158센티미터) 우아하고 겸손하며 아주 지적이었고, 노조 운동과 정치에 관심을 갖고 있었으나 결코 전투적이지는 않았다. 그리고 아주 무사무욕하며 언제나 남을 위해 봉사하려는 마음가짐을 지니고 있었다.

엥겔스가 그 사건에 관한 것을 밝힌 후 엘레아너 마르크스 에이블링은 프레디와 알고 지내기를 열망했다. 그녀가 프레디에게 써 보낸 편지 9통이 지금도 남아 있다. 이것들은 그녀 생애의 마지막 9개월 동안에 쓰여진 것들이다. 병약하고 가정적으로도 아주 불행했던 엘레아너는 그에게 도움을 청했고, 그녀가 사는 곳으로 와서 함께 살았으면 좋겠다는 부탁도 하고 있다. 그러나 그 계획은 실현되지 않았다. 죽기 한 달 전인 1898년 3월 1일 그녀는 그에게 보낸 편지에 다음과 같이 썼다. "나는 귀하를 내가 지금까지 알고 있는 가장 위대하고 가장 훌륭한 사람들 가운데 한 사람으로 생각하고 있습니다."

프리드리히 데무트는 1929년 1월 28일, 당시로서는 상당히 큰 유산(1,971파운드 12실링 4펜스)을 남기고 죽었다. 그는 그 유산의 10분의 1을 친구인 J. 힐에게, 4분의 1을 그의 가정부에게, 그리고 그 나머지를 런던 S.E.1구(區) 사우드워크 그레이트 도우버 91번지에 사는 사촌 동생―사생아로 알려져 있는 해리 데무트(Harry Demuth)―에게 나누어 주었다. 해리라는 인물의 그 후 소식은 나의 조사로는 알 수 없었다.

났다. 마르크스의 편지는 새로운 청춘의 연애편지이기라도 하듯 자주 띄워졌다.[7]

●●●
[7] 이혼에 관해서 마르크스는 1842년 12월 19일자 《라인신문》에서 정부안을 비판하면서 다음과 같이 썼다. "현행 법규가 부도덕한 것은 그것이 개인의 행복만을 염두에 두고 있고 가족을 충분히 보호하고 있지 않기 때문이다." 그는 그 새로운 정부안에 대해서도 그것이 결혼의 인간적인 성격을 무시하고 있음을 비난하면서, 결혼은 그 사회적 역할 때문에 그것이 실제로 파괴되었을 경우에만 해소하도록 해야 한다고 결론 짓고 있다.

7장

아버지로서의 마르크스

> 끝없는 동요와 시련의 인생 길에서
> 나는 커다란 평화를 만났다.……
> — 앙리 미쇼*

내게 아이들이 없었다면 나는 자살했을 것이다.……

　만약 우리가 자녀들에 대한 카를 마르크스의 깊은 애착을 알지 못한다면 우리는 그의 감정생활(la vie sentimentale)을 이해할 수 없을 것이다. 그의 장남의 죽음이 그를 얼마나 좌절케 했는지는 우리가 이미 앞에서 보았다. 그리고 다른 많은 증언에 의해서도 그가 자기 자녀들에게 깊은 부성애(父性愛)를 느끼고 있었다는 것을 알 수 있다. 생애의 말년에 이르기까지 그

● ● ●
* 벨기에 태생의 프랑스 시인, 화가(1899~1984). 꿈이나 환상, 또는 환각제의 힘을 빌려 드러나는 내면세계를 묘사했다—옮긴이.

7장 아버지로서의 마르크스

는 그의 자녀들과 애정이 넘치는 편지를 주고받았다. 예니와 라우라는 특히 그가 사랑했던 딸들이었던 것 같다.

W. 리프크네히트는 그의 책 『마르크스의 회상』에서 이렇게 말했다.

강하고 건강한 성질을 가진 사람들이 모두 그런 것처럼, 마르크스는 그의 자녀들을 이상하리만큼 사랑했다. 그는 몇 시간 동안이나 그의 자녀들과 함께 어린아이가 될 수 있는 매우 끔찍한 아버지였을 뿐만 아니라, 또 다른 아이들—특히 노상에서 버림받은 비참한 아이들—에게도 자석에 끌리듯 끌리는 것을 느꼈다. 우리가 빈민지구의 거리를 거닐기라도 할 때면 그는 자주 내 곁을 떠나 집 앞의 계단에 앉아 있는 누더기를 걸친 누군지도 모르는 아이의 머리를 쓰다듬으면서 1페니 혹은 0.5페니의 동전을 아이의 손에 쥐어 주곤 했다.

마르크스는 특히 그의 아내와 아이들과 함께 별명짓기 놀이를 하면서 곧잘 즐거운 한때를 보냈다. 그의 별명은 모르였다. 1850년대 무렵에 이르러서는 예니와 엥겔스 그리고 그의 친구들 대부분이 마르크스를 그 별명으로만 불렀다. 마르크스는 또 찰리(Challey)란 애칭으로도 불렸다. 아마도 Charley(Karl의 영국식 이름인 Charles의 애칭—옮긴이)에서 온 것일 것이다. 딸들이 나이가 들자, 그녀들은 아버지에게 악마(Old Nick)라든가, 숲의 혼(Waldgeist)이라는 별명을 붙였다. 예니는 마르크스와 아이들로부터 뫼메(Möhme)로 불렸고, 렌헨은 님(Nim)으로 불렸다. 장녀 예니는 키키(Qui-Qui), 중국 황제 또는 디(Di)로, 라우라는 앵무새 또는 호텐토테(Hottentote)로, 엘레아너는 투시, 코코(Quo-Quo), 중국 황태자비 또는 난쟁이 알베리히(Alberich)[1]로 불렸다.

엘레아너가 말한 바에 따르면 그녀의 아버지는 뛰어난 말[馬]이었다. 그녀는 그 말의 어깨에 올라타서 엥겔스나 리프크네히트의 어깨에 올라탄 언니들과 격렬한 기마놀이를 했다고 한다. 훗날 할아버지가 되자 늙은 마르크스는 손자들을 위해 그런 역할을 다시 맡아서 하게 되었다.

W. 리프크네히트는 다음과 같이 썼다.

> 파리에서 온 조니(Johnny)[2] 는—그 아이는 해마다 몇 차례씩 런던에 왔다—모르를 합승마차로 삼아 마차 좌석에 앉듯 그의 어깨에 올라탔다. 한편 엥겔스와 나는 마차의 말로 승진되었다.

• • •
1) 『니벨룽겐의 노래』에 나오는 인물.
2) 조니 또는 장(Jean). 샤를 롱게와 결혼한 장녀 예니의 아이들 가운데 한 명.

7장 아버지로서의 마르크스

마르크스의 딸 예니의 아들 장 롱게(1876~1938).

그래서 우리가 마차에 단단히 매여지자 사냥 나가는 것 같은 광경이 연출되었다. 메이틀랜드 파크 로드에 있는 마르크스의 오두막집 뒤뜰 안에서 벌어지는 거친 사냥이었다.…… 우리는 곧바로 출발했다. 마부는 이랴이랴, 빨리빨리라는 호령을 여러 나라 말로―독일어로, 프랑스 어로, 영어로―외쳐 댔다. Go on! Plus vite, Hurrah! 그래서 모르는 이마에 땀이 흐르도록 뛰어야

했다. 엥겔스와 내가 조금이라도 속도를 늦추려고 하면 마부의 채찍이 가차없이 소리를 내면서 우리 위에 떨어졌다. '이 둔마야, 빨리 뛰지 못해!' 결국 지친 마르크스가 협상을 신청하여 조니와 휴전협정을 맺기까지 그 놀이는 계속되었다.

마르크스는 그의 아이들에게 훌륭한 이야기꾼이었다. 그는 영국의 전원을 가로지르는 친밀하고도 긴 산책길을 이용해서 『천일야화』나 『니벨룽겐의 노래』, 『일리아드』나 『오디세이』, 그리고 『돈 키호테』 등에 나오는 이야기를 늘 아이들에게 들려주었다. 그는 그 이야기를 장(章)에 의해서 나누는 것이 아니라 걷는 거리에 따라서, 즉 마일에 따라서 나누었다. 그러므로 어린 딸들은 으레 "한 마일만 더 얘기해 주세요"[3]라고 말했다. 그는 애써 이야기에 대한 비평과 주석을 붙여 말하면서 그 이야기를 통해서 참과 선에 대한 사랑을, 그리고 거짓과 비인간적인 것에 대한 미움을 아이들에게 가르쳤다. 아이들이 성장하자 그는 아이들과 함께 도덕이나 종교나 정치에 대해서 이야기했다. 엘레아너는 훨씬 훗날 감사하는 마음으로 회상했다.[4] 그것은 한 가톨릭 성당에서 어떤 감탄할 만한 종교음악을

• • •
3) 엘레아너 마르크스 에이블링의 『모르와 장군(Mohr und General)』.
4) 같은 책.

듣고 그 성당에서 나온 그녀가 던진 물음에 대해 대답한 아버지의 이야기였다.

모르는 언제나처럼 평온한 기분으로 아주 명백하게 모든 것을 설명해 주었기 때문에 그때부터 지금까지 나는 결코 조그만 의문도 품은 일이 없었습니다. 돈 많은 자들이 죽인 목수의 아들(그리스도)의 이야기를 아버지는 얼마나 담담하고 격조 높게 해 주었는지 몰라요. 아버지는 자주 말했습니다. "누가 뭐래도 우리는 그리스도교를 상당한 정도로 용서할 수 있다. 그리스도교는 어린이들을 사랑해야 한다고 가르치고 있기 때문이지"라고.

마르크스는 또 그의 아이들을 위해서 여러 가지 이야기를 지었다. 그렇게 만든 이야기들 가운데 산책할 때마다 몇 달에 걸쳐서 들려주었지만 끝내 끝을 맺지 못한 이야기가 하나 있다. 〈한스 뢰클레(Hans Röckle)의 모험〉이라는 이야기이다. 마르크스는 그 이야기에서 호프만을 본떠 마법사 한 사람—한스 뢰클레—을 등장시켰다. 한스는 장난감 가게를 운영하고 있었는데 빚이 많아 아주 난처한 입장에 놓여 있었다. 하지만 그의 가게에는 세상에 다시없는 훌륭한 장난감들이 가득 차 있었다. 목제 인형, 거인과 난쟁이, 왕과 왕비, 노동자와 기술자, 온갖 동물들, 노아의 방주, 탁자, 의자, 마차…… 따위들이었다.

빚을 갚기 위해 한스는 그 훌륭한 물건 모두를 악마에게 하나씩 팔지 않으면 안 되었다. 그러나 그가 수많은 모험을 하고 나면 그 물건들은 언제나 마법사의 가게로 되돌아왔다. 마르크스는 그러한 모험을 이야기하면서, 뛰어난 유머와 환상을 가지고 매우 이상한 장면을 묘사해 보이는 것이었다.

마르크스는 아이들과 함께 아주 엉뚱한 놀이를 하면서 즐거워하기도 했다. 폴 라파르그(Paul Lafargue)*가 말한 바에 따르면,[5] 마르크스는 어린 딸들과 함께 많은 종이배를 만든 다음, 물을 가득 채운 커다란 함지박 안에 그 배들을 띄웠다. 그리고 격렬한 해전을 벌이고 나서는 그 종이배들에 불을 질러 아이들을 매우 즐겁게 해 주었다고 한다.

W. 리프크네히트의 회상록은 가족에 대한 카를 마르크스의 태도를 이해하는 데 아주 귀중한 자료이다. 1896년에 씌어진 것으로서 때때로 표절되기도 했으나 그 뒤로는 별로 복간된 적이 없는 그 회상록은, 특히 마르크스 부부와 그 아이들의 일요일의 산책―그 산책에는 때때로 마르크스의 친구 몇 명이 함께하

• • •
* 마르크스 둘째 딸인 라우라의 남편으로, 제1인터내셔널과 파리 코뮌에 적극 참여했다. 프랑스 노동당의 이론가로서 활동하기도 했다―옮긴이.
5) 「회상」, 《노이에 차이트(Neue Zeit)》, 1891.

기도 했다―이 어떤 것이었는지를 생생하게 전하고 있다.

오, 햄스테드(Hampstead)로 갔던 우리들의 소풍! 설사 천년을 산다고 하더라도 그 소풍을 잊을 수는 없을 것이다. 프리뮬러가 가득 핀 언덕 너머의 햄스테드 광야는 프리뮬러 언덕과 마찬가지로 디킨스의 소설 『피크윅(Pickwick)』에 의해 런던 교외의 사람들에게 잘 알려져 있는 곳이었다. 그 들판의 대부분은 오늘날 아직도 집들이 들어서지 않은 채로 남아 있는데, 길과 조그만 숲이 여기저기 있고 또 작은 언덕과 골짜기들도 있다. 거기서는 누구나 몹시도 신성한 사유지의 땅지기에게 붙들려 '무단 침입(trespassing)' 했다는 혐의로, 즉 남의 소유지에 침입했다는 혐의로 벌금 대신 어떤 물건을 놓고 가도록 강요당할 걱정을 할 필요없이 거닐거나 뛰어놀 수 있었다. 오늘날에도 햄스테드 광야는 런던 사람들이 좋아하는 산책 장소이다. 날씨가 좋은 일요일에는 많은 사람들이 몰려들기 때문에 남자들의 검은 복장과 여자들의 가지각색 옷들이 범람했다. 여자들은 거기서 특히 나귀나 말 타기를 무서워하면서도 좋아했다. 그러나 그 나귀들이나 말들은 아주 온순했다.

40년 전의 햄스테드 광야는 지금보다 훨씬 넓었고 훨씬 야성적이었으며 자연의 빛깔이 훨씬 짙었다. 거기서 일요일 하루를 보내는 일이 우리들에게는 가장 큰 기쁨이었다. 아이들은 1

주일 전부터 소풍에 대한 이야기만을 했고, 우리들은 늙으나 젊으나 그날을 즐거움으로 알았다. 햄프스테드에 간다는 것만으로도 벌써 축제 기분에 들떠 있었던 것이다.

어린 딸들은 지칠 줄 모르고 고양이처럼 활발하게, 놀랄 만큼 먼 거리를 걸었다. 마르크스 가족이 살고 있었던 딘가(街)[내가 정착한 처치가(街)의 이웃에 있었다]에서 햄프스테드까지 가는 데는 걸어서 1시간 15분이 걸렸다. 그러므로 대개 늦어도 아침 11시경에는 출발해야 했다.

그러나 실제로는 우리는 그보다 더 늦게 출발한 적도 종종 있었다. 런던에서는 일찍 일어나는 습관이 배어 있지 않았기 때문이다. 게다가 여러 가지 준비를 하고, 아이들에게 필요한 것도 갖추고, 바구니에 점심을 싸서 넣기까지는 언제나 상당한 시간이 걸렸다.

아, 그 바구니. 내 마음의 눈에는 그 바구니가 놓여 있는 것이, 아니 내 앞에 대롱거리는 것이 지금도 보인다. 바로 어제 렌헨의 팔 밑에 매달려 있는 것을 바라보기라도 한 것처럼, 또 손으로 만진 것처럼 생각될 정도의, 그리고 끌어당기지 않고는 배길 수 없을 만큼 식욕을 돋우는 그 바구니가 갖가지 모양으로 보인다.

그럴 수밖에 없는 것이 그 바구니는 식료품 저장창고라고 부를 만한 것이었기 때문이며, 식욕이 왕성할 때에는 (그리고 꼭 필

1850년의 런던.

요한 용돈이 마련되지 못한 경우도 자주 있었기 때문에) 먹는 문제가 가장 중요했기 때문이다. 그 부지런한 렌헨은 그 점을 잘 알고 있었다. 그래서 그녀의 마음은 우리들에 대한 동정으로 가득 차 있었다. 우리들은 자주 허기져서 기진맥진했다. 따라서 끊임없이 굶주림을 느꼈다. 큰 송아지 스테이크 덩어리가 햄프스테드로 가는 일요일 소풍에는 언제나 따르는 주요 식품이었다. 그리고 렌헨이 트리어에서 가져온, 런던에서는 보기 드문 커다란 양말 한 짝이 그 귀중한 보물의 성전, 아니 성궤였다. 차와 설탕과 때로는 몇몇 과일도 가지고 갔다. 빵과 치즈는 그곳에 있는 목장에서 바로 샀다. 목장에는 베를린의 정원찻집처럼 그릇, 끓는 물, 또는 우유가 있었다. 또 거기서는 빵, 치즈, 버터, 맥주와 그 밖에도 전통적인 새우, 양갓냉이, 고둥 등을 필요에 따라, 주머니 사정에 따라 살 수 있었다.

맥주는 짧은 어떤 한 시기를 제외하고는 언제나 살 수 있었다. 그 시기란 자신들의 집이나 클럽에서는 세계의 온갖 알코올 음료를 사들여 1년 365일 술을 마시지 않는 날이라고는 없는 귀족들 가운데 일부 위선자들이 일요일에는 맥주 판매를 금지함으로써 평민을 덕과 선량한 풍속의 길로 인도하려고 했던 시기였다. 그러나 런던의 민중은 어떤 일이 그들의 입[口]과 배[腹]에 관련된 경우에는 그런 농담을 결코 받아들이지 않았다. 그 조례가 공포된 뒤의 첫 일요일에 런던의 민중은 수십만 명이나 떼지어 하이드 파크로 몰려가, 마차나 말을 타고 공원 안을 산책하고 있던 경건한 귀족 남녀들에 대해 '교회에나 가라!'고 야유를 신랄하게 퍼부어 댔기 때문에 그 유덕한 마상의 신사나 아름다운 귀부인들은 주눅이 들고 말았다. 다음 일요일에는 벌써 25만 명이 아니라 50만 명이나 되는 사람들이 입을 모아 더욱 격렬하게 '교회에나 가라!'를 외쳤다. 그래서인지 세 번째의 일요일이 오기 전에 조례는 취소되고 말았다.

우리들 망명자 일동은 그 교회 혁명을 열렬히 지지했다. 그리고 그런 경우 쉽게 흥분하는 마르크스는 한 경관에 의해 하마터면 경찰서로 연행될 뻔했다. 다행히 맥주가 왜 필요한지에 대한 그의 열띠고 긴 설명이 그 성실한 법률의 파수꾼의 마음을 누그러뜨렸던 것이다.

그런 사태 때문에 이미 말한 것처럼 위선의 승리는 오래가지 못했다. 어쨌든 그 짧은 기간을 제외하고는 우리들은 거의 나무 그늘이라곤 없는 햄프스테드의 길을 걸으면서 시원한 맥주를 마시게 된다는 기대로 언제나 가슴 부풀곤 했다.

소풍은 대체로 다음과 같은 순서로 진행되었다. 나는 마르크스의 어린 딸 2명과 함께 앞장서 가면서 그들에게 여러 가지 이야기를 해 주거나 체조를 시키거나 들꽃을 꺾어 주거나 했다. 들꽃이 오늘날처럼 드물지는 않았다. 우리 세 사람 뒤를 친구들 몇 명이 따라왔다. 그 다음엔 군대의 주력, 즉 마르크스 부부와 특히 소중하게 대접해야 할 일요일의 초대손님 몇 명이 뒤따랐다. 그리고 그들 뒤를 렌헨이 그녀를 도와 바구니를 들어주는 가장 친절한 손님과 함께 따라왔다. 일행이 그보다 더 많은 때는 행렬이 다른 여러 모양을 만들어 냈다. 또 그 진군 대형이 그때그때의 기분이나 필요에 따라 바뀐 것은 말할 것도 없다.

광야에 이르면 우리들은 무엇보다도 먼저 천막 칠 장소를 찾았다. 차나 맥주를 사야 한다는 점을 고려에 넣으면서―그러나 만족할 만큼 마시거나 먹고 나면(Autar epci posios kai edetios exeron hento, 호메로스의 『일리아드』 제1권, 제469행―옮긴이), 모두들 앉거나 눕기에 가장 적당한 장소를 물색했다. 그리고 그런 장소가 눈에 띄기만 하면 남자 여자 할 것 없이 (낮잠을 자는 쪽을 선택하지 않는 한) 각각 거기에 앉아 소풍 오는 도중에 산 일요신문을 호주머니에서 꺼내 읽거나 정치토론을 했다. 아이들은 어느새 친구를 사귀어 금작화가 우거진 곳에서 숨바꼭질을 하면서 놀았다.

그러나 어떤 행복에도 변화란 필요한 것이어서, 이번에는 달리거나 드잡이를 하거나 돌을 던지거나 했고, 그 밖에도 여러 가지 스포츠를 하면서 놀았다. 어느 일요일, 우리들은 바로 가까운 곳에서 열매가 가득 달린 마로니에 한 그루를 발견했다. "누가 저 열매를 가장 많이 떨어뜨리는지 내기를 하자"고 우리들 가운데 한 사람이 외쳤다. 그러자 모두들 환호성을 지르면서 열매를 떨어뜨리기 시작했다. 모르도 열을 올렸다. 그러나 그는 마로니에의 열매를 떨어뜨리는 일을 잘 해내지 못했다. 그런데도 그는 다른 사람들과 마찬가지로 지칠 줄을 몰랐다. 승리의 거친 함성과 함께 마지막 열매가 땅에 떨어질 때까지 폭격은 계속됐다. 그 후로 1주일 동안이나 마르크스는 오른팔을 쓰지 못했다. 나도 마찬가지였다.

나귀를 타고 산책을 하면 그 즐거움은 더 한층 커졌다. 사람들은 너무나 기뻐서 미치광이처럼 웃었다. 재미있는 장면들이 얼마나 많았던가! 마르크스는 스스로 즐기면서 우리들을 얼마나 많이 웃겼던가! 그는 기본적인 것조차 하지 못하는 승마 기술로, 그런데도 그 승마술의 알량한 묘기를 우리들에게 증명하려고 하는 억지행동으로 우리들을 이중으로 웃겼다. 마르크스의 묘기란 것은 그가 학생 시절에 받았던 약간의 승마 연습에서 가져온 것이었다(엥겔스가 단언한 바에 의하면, 그 연습은 세 번도 채 안 되는 것이었다고 한다). 그리고 그것은 또한 그가 맨체스터를 방문했을 무렵, 해마다 부활제 뒤의 제3 일요일에 존경할 만한 나이 든 로시난테를 타고 엥겔스와 함께 외출했다는 사실에서 유래한 것이었다. 그 나귀는 아마도 늙은 프리츠가 사람 좋은 겔레르트에게 선사한 저 온순한 암나귀의 증손이라도 되었던 모양이다.

햄프스테드에서 돌아오는 길은 언제나 몹시 즐거웠다. 우리들이 우리 뒤에 남겨 놓고 가는 기쁨은 우리들을 기다리고 있는 기쁨만큼 우리에게 즐겁게 여겨지지 않는 것이 예사이긴 했지만. 슬픔에 대해서는-슬픔에 젖게 되는 그럴 만한 이유가 너무나 자주 있었지만-우리들의 즐거운 기분이 해독제였다.

조국에서 추방된 자의 비참함이 우리들 사이에는 없었다. 만약 우리들 가운데 어느 누가 비탄에 젖기 시작하면 사람들은 곧바로 가장 강력한 어조로 그에게 그의 사회적 의무를 상기시켰다.

귀로의 행렬 순서는 갈 때와는 딴판이었다. 뛰놀다 지친 아이들은 렌헨과 함께 뒤로 처졌다. 그리고 무거운 짐에서 해방된 렌헨은 빈 바구니를 들고 아이들을 돌보면서 발걸음도 가볍게 걸었다.

우리들은 길을 걸으면서 으레 노래를 불렀다. 그것은 대개 감상적인 민요였다(정치적인 노래를 부르는 일은 별로 없었다). 그리고 또-나는 결코 독자에게 허풍을 떠는 것이 아니다-애국적인 노래도 불렀다. 예를 들면 〈오, 슈트라스부르크여, 슈트라스부르크여, 아름다운 도시여!〉라는 노래를 우리는 특히 즐겨 불렀다.

때때로 아이들은 흑인의 노래를 불렀다. 그들의 다리가 조금은 휴식을 취하고 난 뒤라야 하지만. 길을 가면서 정치 얘기를 하는 것은 우리들의 망명생활의 비참함을 얘기하는 것과 마찬가지로 허용되지 않았다. 그러므로 사람들은 예술이나 문학 애기를 열을 내서 했다. 그럴 때면 마르크스는 그의 놀라운 기억력을 발휘했다. 그가 거의 전부 암기하고 있는 『신곡』이나 셰익스피어 희곡들의 여러 장면의 긴 시구를 읊고 나면 가끔 그의 아내가 그 대신 다음 구절을 읊었다. 그녀도 셰익스피어를 아주 잘 알고 있었다. 마르크스는 또 특별히 기분이 좋기라도 하면 메피스토펠레스 역을 한 자이델만을 흉내냈다. 그는 학생 시절에 베를린에서 보거나 듣거나 한 그 배우에 대해 크게 감탄해하고 있었다. 『파우스트』는 독일 문학 작품들 가운데서 그가 가장 애독했던 극시(劇詩)였다. 마르크스의 낭송이 훌륭한 것이었다고는 말할 수 없다. 너무 힘을 넣어 말하는 대목이 없지도 않았다. 하지만 그는 언제나 적절한 표정을 지으며 발음함으로써 그 구절의 의미를 잘 드러나게 했다. 한마디로 말하면, 그는 강한 인상을 주는 기법을 터득하고 있었다. 그가 극중인물의 역할을 깊이 이해하고 완전히 자기 것으로 소화하고 있다는 것을 우리가 느끼자마자 그가 너무나도 힘주어 발음한 첫 대목의 말이 불러일으킨 우스꽝스러운 효과는 사라졌다.

아버지를 쏙 빼닮아 검은 눈도 이마도 아버지의 모습과 같았던 장녀 예니는(딸 가운데 하나인 투시, 즉 엘레아너―훗날의 마르크스 에이블링 부인―는 당시 아직 태어나지 않았다) 가끔 예언자 같은 황홀상태에 빠질 때가 있었다. 피티아(Pythia, 델포이의 아폴로 신전의 무녀―옮긴이)처럼 실신상태가 되면 불타는 듯한 섬광이 눈

속에서 번쩍거렸는데, 그녀는 그럴 때면 가끔 아주 환상적인 시를 낭송하기도 했다. 어느 날, 햄프스테드에서 돌아오는 길에 그녀는 그와 같은 무아상태가 되어 별 세계의 생명에 관한 하나의 즉흥시를 읊었다. 이미 자식을 몇 명 잃은 마르크스 부인은 그것을 듣고 몹시 걱정했다. 딸의 조숙이 병의 조짐이 아닐까 하고 생각했던 것이다. 모르는 그녀의 걱정을 진정시켰다. 나는 손가락으로 그녀에게 피티아를 가리켜 보였다. 피티아, 즉 예니는 그 예언자적인 황홀상태에서 벗어나 즐겁게 웃으면서 깡충거렸고 그 얼굴은 환하고 건강해 보였다. 하지만 그 예니는 결국 젊어서 죽었다. 그러나 그녀의 어머니는 예니를 저세상으로 앞세워 보내는 슬픔을 당하지는 않았다.

  우리들의 일요일 소풍의 성격은 그 딸들이 커 가면서 바뀌었다. 그러나 어린아이들이 자아내는 분위기가 걷혔다고 해서 결코 쓸쓸함이 느껴지지는 않았다. 새로운 자손의 탄생에 따르는 노고가 끊임없이 새롭게 이어졌기 때문이다.……

  1860년 무렵부터 우리들이 런던의 북쪽인 켄티시 타운이나 하버스토크힐에 살게 되자, 우리들이 자주 가는 산책 장소는 햄프스테드와 하이게이트 사이의 뒤쪽에 펼쳐져 있는 목장과 언덕으로 바뀌었다. 우리들은 거기서 꽃을 찾거나 식물을 설명하거나 했다. 그것은, 런던이라는 대도시의 차갑고 시끄럽고 움직이는 돌의 바다와도 같은 것들 때문에 푸른 자연에 문자 그대로 굶주려 있던 도시 아이들에게는 이중의 기쁨이었다. 우리들이 소풍에서, 나무 그늘 속에 있는 작은 웅덩이를 발견했을 때나 땅속에서 막 솟아오른 야생의 물망초를 아이들에게 가리켜 보였을 때, 우리들은 얼마나 기뻐했는지 모른다. 들판을 차분하게 답사한 뒤에 '사유지임, 출입금지'라는 푯말이 서 있음에도 불구하고 우리들이 걸어 들어간 부드러운 진초록의 풍요로운 목장 안에서, 거기에 피어 있는 갖가지 봄 꽃들 가운데서 바람을 받으며 한 구석에 서 있는 히아신스를 발견했을 때 우리들의 기쁨은 더욱 컸다.

마르크스는 그의 자녀들을 친구로 대했다. 그는 자신의 염원을 자식들에게 강요하려 하지 않았다. 대신 그런 염원이 필요하다는 것을 자식들에게 납득시키려고 노력했다. 그리고 그는 입버릇처럼 말했다. "자녀는 부모를 교육시켜야 한다"[6]고.

● ● ●

6) 폴 라파르그의 증언.

8장

지극한 사랑

밤 속에는 세계의 뛰어난 것들이 있다.
밤 속에는 수호천사는 없지만 잠이 있다.
밤 속에는 당신이 있다.
그리고 대낮에도.

— 로베르 데스노스*

마르크스 가정의 행복한 모습은 여러 회상록들에 의해 우리에게 전해지고 있다. 하지만 그 회상록들의 요점은 모두 마르크스 일가가 마침내 그때까지보다는 더 정상적인 물질생활을 누리게 되었던 한 시기에 관한 것이었다. 그러나 그렇게 되기까지는 많은 비참함을 겪어야 했다. 그것은 마르크스가 엥겔스에게 보낸 편지가 풍부하게 증언하고 있다.

1856년, 마르크스의 부인 예니는 어머니와 큰아버지로부터

● ● ●

* 프랑스의 시인(1900~1945). 앙드레 브르통과 함께 초기 초현실주의 운동에 참여했고, 최면 능력으로 초현실주의 운동의 기수가 되었다—옮긴이.

8장 지극한 사랑

유산으로 5천 마르크를 받았다. 그해가 저물 무렵 마르크스 가족은 그때까지 살고 있었던 빈민굴을 떠나 런던 북쪽 교외의 언덕 지대인 그래프턴 테러스에 있는 집 한 채를 세낼 수 있었다. 마르크스와 예니는 가까스로 한숨을 돌렸다. 마르크스가 "이것은 진짜 집이다. 이 집은 꽤 아늑한 모습을 하고 있다"라고 말했지만 이는 얼마쯤 과장된 것이었다. 그 거리는 오늘날에도 상당히 삭막한 모습을 하고 있는데, 빅토리아 시대의 음산한 3층 건물들이 죄다 헐리고 그 자리에 근대적인 값싼 임대 주택, 살풍경한 주택단지가 들어서려 하고 있다. 병으로 인한 괴로움은 마르크스 일가를 집요하게 따라다녔다. 그리고 돈은 또다시 금방 바닥나 버렸다.

1월, 마르크스는 엥겔스에게 보낸 편지에 다음과 같이 썼다.

나는 도무지 어떻게 해야 좋을지 모르겠네. 그리고 실제로 5년 전 이상으로 절망적인 상황에 처해 있다네. 가슴이 터질 것 같았던 극한 상황이 이젠 과거의 것인 줄만 알았는데 그렇지 않네. 지금의 처지를 어떻게 벗어나야 할지 모르겠네.

3월에는 다시 전당포에 드나들지 않으면 안 되었다. 1857년 3월 18일, 마르크스는 이렇게 썼다.

아내는 몸이 몹시 좋지 않고 온 집안이 큰 위기에 봉착해 있어서, 자네에게 편지를 쓰려 해도 내 머리가 혼란을 일으키고 마네.

4월 9일에는 사태가 더욱 악화되었다.

이 2주일 동안에 아내는 지난 몇 달 사이 몸의 상태가 가장 좋지 않으며, 집안의 혼란은 이루 다 말할 수 없을 지경일세.

4월 23일.

아내는 내 비서 노릇을 해 주고 있네.······(그러나) 여섯 달째 계속 의사의 신세를 지고 있네. 아내는 참으로 상태가 좋지 않다네.

6월 29일.

아내의 병세는 여전하네. 기침이 심하다네. 게다가 가정적으로도 갖가지 걱정을 짊어지고 있으니.

7월 11일.

아내는 좀 나아진 듯하네. 그러나 아내의 상태는 아직도 내가 집을 떠나는 것을 허용치 않고 있네.

7월 16일.

아내는 몸이 꽤 좋아졌으나 아직도 자리에 누워 있다네. 그런데 기분은 아주 언짢은 것 같네. 그러나 잘 생각해 보면, 현재와 같은 사정에서는 아내를 원망할 수 없네. 그렇게 하려면 꽤나 참아야 하겠지만.

12월 8일.

지난번에 내가 2층에서 자네에게 편지를 쓰고 있을 동안에 아래층에서는 아내가 백 마리의 굶주린 늑대들에게 둘러싸여 있었다네. 늑대들은 모두 날씨가 춥다는 것을 핑계로 아내가 갖고 있지도 않은 돈을 긁어내려고 했지.

그리고 이와 같은 상태는 몇 달이고 몇 해고 계속되었다. 당시 평생의 대작 『자본론』을 집필하던 마르크스는 1859년 1월 21일, 엥겔스에게 이렇게 털어놓았다.

이처럼 돈에 곤란을 받으면서 돈에 대해 글을 쓴 사람은 일찍이 없었다고 생각하네. 이 제목을 다룬 저자들은 대부분 그들의 연구 제목과 온전히 사이좋게 지냈기 때문이지.

이듬해 예니는 다시 병으로 앓아누웠다. 1860년 11월 21일, 마르크스는 다음과 같이 썼다.

이미 토요일에 아내의 상태가 몹시 나쁘고 열도 있다는 것을 알고서 의사를 부르려 했으나 아내는 거절했네. 일요일도 역시 마찬가지였다네. 말할 것도 없는 일이지만 월요일에는 아내의 말을 따르지 않으려고 결심하고 있네.

예니는 천연두에 걸려 있었는데, 하마터면 죽을 뻔했다. 그리고 천연두 전염이 온 가족을 위협했다. 11월 28일, 마르크스는 이렇게 썼다.

……나는 어디에도 부탁을 하러 갈 수 없게 되었네. 왜냐하면 불가피하게도 집을 떠날 수 없기 때문일세. 아내는 (아마도 병세가 호전됐기 때문일 것이지만) 언제나 나를 자기 곁에 붙들어 두려고만 한다네. 될 수 있는 대로 아내 곁에서 떨어져 있어야만 하는데도. 물론 그것을 아내에게 말할 수는 없는 일이지.

그로부터 1년 후 예니는 다시 병에 걸렸다. 1861년 12월 9일 편지에 마르크스는 다음과 같이 썼다.

아내는 위험한 신경상태에 있네. 앨런 박사도 며칠 동안 몹시 걱정했다네.…… 불쌍하게도 아내는 상태가 계속 극히 나쁘네. 그러나 조금이라도 병세가 호전되면 타고난 기력 덕택으로 완쾌될 것이라고 나는 확신하고 있네.

1861년 12월 20일 편지에서는 다음과 같이 말했다.

아내는 심한 신경증을 앓고 있어서 우리의 곤란한 상황이 이 이상 더 오래가면 마침내는 나쁜 결과를 빚지나 않을지 걱정일세.

그러나 사태는 좋아지지 않았다. 1862년 6월 18일, 마르크스는 절망적으로 부르짖었다.

아내는 날마다 내게 말하고 있다네. 정말로 아이들과 함께 무덤 속으로나 들어가고 싶다고. 그런 말을 들어도 사실 나는 아내를 탓할 수 없네. 왜냐하면 이런 상황 아래서 겪지 않으면 안 되는 굴욕과 고통과 공포는 사실 말이나 글로 도저히 표현하기 어려운 것이기 때문일세.…… 돈 한푼 없이 7주일 동안이나 산다는 것은……, 우리 집에서는 만성병이 되어 있다네.…… 더구나 지금은 전시회 시즌이어서 아이들이 몹시 가엾게 여겨지네. 이 시기에 그들의 친구들은 모두 즐겁게 지내는데, 내 아이들은 누가 찾아와 자기들의 비참한 생활을 보게 되지나 않을까 하는 걱정 때문에 끊임없이 조마조마하게 생각하고 있네. 하지만 나는 일을 착착 진행시키고 있다네. 그리고 기이한 것은 지금 내 머리가 요 몇 년 동안의 그 어느 때보다 가장 맑다는 사실일세.

잦았던 그런 비극적이고 곤란한 상황에도 마르크스와 예니 사이의 사랑은 흔들리지 않았다. 그때그때의 암울한 생각에도 불구하고, 아니 때로는 신경을 곤두세우는 일이 있었으나, 마르크스가 아내의 불행을 끊임없이 보살폈다는 사실은 엥겔스에게 보낸 많은 편지들에서 알 수 있다. 그가 아내의 불행을 괴로워하고, 그 일로 가책을 느끼는 것을 나중에 보게 될 것이다.
1863년 세밑의 축제인 크리스마스에 즈음해서, 당시 네덜란드에 가 있던 남편에게 보낸 예니의 편지는 그녀가 거의 일생 동안 '나의 큰아이'라고 불렀던 마르크스에게 변함없는 사랑을 품고 있다는 것을 보여 주고 있다.

　　내 마음의 카를,
　　당신이 '만보(漫步)의 나라' [1]에서 눈 속에 파묻혀 얼어붙어 있지나 않은지 걱정됩니다. 여기는 돌도 갈라질 정도로 땡땡 얼어붙어서 우리 방처럼 작은 공간을 덥히는 데도 산더미처럼 많은 석탄을 때야 한답니다. 당신이 축복받은 나라에 계신다는 것을 떠올리지 않았다면 나는 정말로 버림받았다는 느낌을 가졌을 거예요. 더구나 세상의 화제가 온통 가정과 가족뿐인 이 크리스마스 시즌에는. 하지만 불행한 당신을 위해 세심한 배려를 아끼지 않는 분들이 계시다는 것을 알고 나는 적잖이 마음을 가라앉히고 있답니다. 그리고 그것이 나를 도와서 여러 가지 괴로움을 견디게 해 준답니다. 며칠 전 앨런 선생 댁에 가서 새해 인사를 하고 왔습니다. 선생은 변함없이 그리고 친절하게 맞아 주었습니다. 선생은 당신의 오래된 부스럼 곁에 새로운 부스럼이 생겼다는 전갈을 듣고 매우 놀랐습니다. 하지만 당신은 치료를 받고 영양분을 섭취하며 특히 대량의 철분[2]을 복용하고 있기 때문에, 이번의 부스럼이 이제까지의 부스럼 이상으로 악성적인 것은 아니라고 생각하고 있습니다.

    나는 오늘까지 당신의 새로운 애깃거리를 듣게 될 것으로 기대하고 있었어요. 하지만 나는 아무래도 그 내기에는 진 듯하니

∙ ∙ ∙
1) 이 표현은 시인 프라일리그라트가 만들어 낸 말이다. 마르크스는 당시 큰아버지를 방문하기 위해 네덜란드에 가 있었다.
2) 앨런 박사는 마르크스의 절종증(癤腫症)을 당시의 방법에 따라서 치료하고 있었기 때문에, 철분을 섭취하도록 권했던 것이다.

우리의 교신전(交信戰)에서 일어난 1주일간의 휴전에 종언을 고하기 위해 '장미빛 이니시어티브(initiative couleur de rose)'3)를 취하려고 해요. 당신이 다시 완쾌되었다는 소식을 들을 수만 있다면! 로르미네 사람들이 또 우리 집에 와서 2시가 넘도록 춤추고 노래했습니다. 그 여전한 메추리는 내겐 얼마쯤은 귀찮은 것이었지만 아이들은 더 좋은 일을 바랄 수 없기 때문에 그 사람들의 방문으로 명절을 상당히 밝게 보내고 있어요. 아이들은 이 기회를 이용해서 프랑스 어를 연습할 수 있었고(로르미 가족은 프랑스 인이었으므로-옮긴이), 밤을 쓸쓸하게 지내지 않아도 되게 되었어요.…… 막내딸은 당신이 돌아오기만 기다리고 있는데, '오늘은 아빠가 돌아오실 거야'를 날마다 되뇌고 있습니다. 그 애는 요즘 휴가를 마음껏 활용하고 있지요. 비록 크리스마스 트리는 없지만 그 대신 언니들이 갖가지 옷을 걸친 인형을 20개 넘게 만들어 주었답니다. 그 인형들 가운데는 루이 블라스(Ruy Blas, 빅토르 위고의 동명의 희곡에 나오는 주인공-옮긴이)풍의 복장을 한 검객과 커다란 중국인이 있어요. 그 중국인의 긴 변발은 아이들이 투시의 머리털로 만들어 키키(그 중국인의 이름일 것이다-옮긴이)의 대머리에 붙인 거죠. 나는 그 친절한 루푸스4)가 우리에게 보내준 70파운드 중에서 3파운드를 아이들에게 주었

• • •
3) 이 프랑스 어는 예니의 편지에 씌어 있는 원문 그대로이다.

예니와 라우라(1864).

어요. 그래서 아이들은 작지만 즐거움을 누릴 수 있었고, 용돈도 얼마쯤 갖게 되었죠. 아이들은 온 집안 사람들을 극장으로 끌고 가서 유명한 미국의 여배우 미스 베이트먼이 주디 리 역으로 나

• • •
4) 루푸스(Lupus)는 늑대라는 말로, 마르크스 친구인 독일의 혁명가 빌헬름 볼프(Wilhelm Wolf, 1809~1864)의 별명. Wolf는 독일어로 늑대라는 뜻이다. (볼프는 공산주의자동맹의 일원으로서 마르크스는 그에게 『자본론』 1권을 헌정했다―옮긴이)

188 마르크스의 사랑

오는 것을 관람했어요. 그것은 우리의 비극적인 생활 속에서 맛볼 수 있는 큰 기쁨이었습니다. 그래서 우리들은 아주 만족해하며 삯마차를 타고 집으로 돌아왔습니다.…… 아이들은 아직도 어젯밤의 피로가 덜 풀려서 오늘은 편지도 쓸 수 없다고들 말해요. 당신과 당신 곁에 있는 분들에게 드리는 진심에서 우러난 아이들의 인사를 받아 주세요. 그리고 나의 인사도. 이제 안녕, 나의 큰아이! 소식 기다리고 있겠어요.

당신의 예니

1864년은 마르크스 가족의 생활이 하나의 전기(轉機)를 맞는 해였다. 엥겔스는 에르멘 앤드 엥겔스(Ermen and Engels) 상회의 공동 소유자가 되었다. 감탄하지 않고는 못 배길 만큼 그가 거의 15년 동안이나 헌신적으로 그의 친구들에게 제공해 온 원조는 그때부터 더욱 커지고, 특히 더욱 규칙적인 것이 되었다. 카를 마르크스는 생활이 편해졌다고는 말할 수 없으나 그렇게도 오랜 세월 동안 그를 압도하고 있었던 가공할 만한 물질적인 고통에서 얼마쯤은 해방되었다고 느끼게 되었다. 동시에 가정에서의 그의 사생활도 생활고의 주름살이 가져다 주는 하찮기만 한 걱정에서 해방되었다. 운명적으로 치러야만 했던 그 폭풍우가 있은 후에도 아내에 대한 그의 사랑은 흔들림 없이 맑고 깨끗했다. 결국 그 험한 역경도 그것을 무너뜨리지 못한 것이다.

이제 그가 예니의 부모에게 그녀와의 결혼을 신청한 지도 27년이 되었다. 아마도 그는 발자크처럼 이렇게 생각하고 있었는지도 모른다.

진정한 사랑은 영원하고 무한하며 언제나 변함없는 것이다. 그것은 격렬하고도 과장스런 표현을 수반하는 일 없는, 얼룩 없이 깨끗한 것이다. 그것은 백발이 되어도 언제까지나 마음의 젊음을 잃지 않는 사람에게서만 볼 수 있는 것이다.

마르크스 일가는 다시 거처를 옮겼다. 역시 런던의 북쪽인데, 처음엔 메이틀랜드 로드 1번지 모데나 빌라로,[5] 그리고 1875년부터는 같은 거리의 41번지로 옮겨 갔다. 마르크스 부부의 친구인 빌헬름 볼프가 죽으면서, 그들에게 살기 편한 집에서 살 만큼의 유산(800파운드)을 남겼기 때문이다. 모데나 빌라는 조그만 정원에 둘러싸여 있었다. 1층에는 토론실이 있었는데, 거기서 마르크스는 그의 정치적인 친구들과 회의를 했다. 서재는 2층에 있었다. 메이틀랜드 공원 쪽으로 난 넓은 창문으로부터는 햇빛이 마구 쏟아져 들어왔다.

• • •
[5] 그 건물은 지금은 없다. 그곳 일대가 1960년에 크게 바뀌어 버렸기 때문이다.

1875년 8월의 마르크스 (57살).

그 서재는 책과 신문 뭉치로 가득 차 있었다. 보기에도 난잡했으나 마르크스는 언제나 그가 찾고 싶은 것을 쉽게 찾을 수 있었다. 책상이 방 한가운데에 놓여 있었으며, 목제 팔걸이의자와 가죽으로 덮이고 쿠션이 놓인 긴 의자 이외에는 가구가 없었다. 그는 때때로 그 긴 의자에 누워서 잠을 한숨 자거나 소

빌헬름 볼프.

설책을 읽었다. 창문 맞은편의 벽난로 위에는 아내와, 딸들, 엥겔스, 볼프의 사진들이 담배쌈지나 시가 상자 또는 성냥갑 따위들 사이에 놓여 있었다. 그는 성냥개비를 마구 썼다. 그는 걸으면서 생각하는 습관도 갖고 있었다. 폴 라파르그는 다음과 같이 썼다.

방문에서부터 창까지는 그가 걸었던 자취가 깊게 나 있었는데, 그 부분의 융단은 닳아서 바닥이 보였다. 그것은 마치 목장 풀밭의 샛길처럼 또렷이 패여 있었다.

9장

사랑의 이론

우리가 심장 둘레에서 느끼는 따뜻함의 기원(起源)과 사랑에 수반되는 육체의 다른 여러 가지 기분의 기원을 검토해 보면, 우리의 영혼이 육체와 결합된 최초의 순간부터 영혼은 벌써 기쁨을 느낀 듯하지만 아마도 또 이어서 미움과 슬픔도 느꼈던 것으로 나는 생각한다.…… 요컨대 내가 말하려고 하는 것은 사랑은 그 후에 생겨났다는 것이다. 우리의 육체라는 물질은 냇물처럼 끊임없이 흘러가는 것이고, 따라서 그 대신 다른 것이 올 필요가 있으므로, 육체가 그 자체만으로 안주하고 있었다고는 거의 생각할 수 없다. 그렇다고 해서 육체의 양식이 되는 적절한 어떤 물질이 육체 가까이에 있었다고도 거의 생각할 수 없다. 영혼이 육체라는 그 새로운 물질과 자진해서 결합하고 그 물질에 대한 사랑을 알게 되기에 이르렀다는 이유 때문이다.

― 데카르트[*]

딸들에 대한 마르크스 부부의 태도는 아마도 사랑에 대한 그들의 생각을 푸는 하나의 열쇠가 될 것이다. 그러나 사랑에 대

---

[*] 프랑스의 수학자, 과학자, 철학자(1596~1650). 근대철학의 아버지라 불리며, 해석기하학의 창시자이다.―옮긴이

한 그들의 생각을 이해하기 위해서는 그들이 살았던 시대의 역사적 환경 속에 놓고 보지 않으면 안 된다.

그 19세기 중엽에 살았던 사람들에게 사랑이란 무엇이었던가? 결혼이란 무엇이었던가? 그 시대 사람들이 읽었던 책들 속에서 사랑이란, 결혼이란 무엇이었던가? 그것을 아는 데는 1861년 입센이 결혼이라는 것을 모든 종교적 상징과 마찬가지로 조소해야 할, 시대에 뒤늦은, 공허한 상징으로 보고 있었다는 사실을 상기하는 것만으로도 충분하다. 보들레르, 르낭(J. E. Renan),* 플로베르, 프로망탱(Eugéne Fromentin)**은 1820년 무렵에 태어났고, 비니(Vigny)***의 『목자(牧者)의 집』은 1844년에 나왔다. 빅토르 위고는 그의 딸 레오폴딘을 1843년에 잃었고, 그 불행으로 인해 『관조(觀照) 시집』이 태어났다. 조르즈 상드(George Sand)는 1841년에 『프랑스를 일주한 친구들』을, 1845년에 『앙지보의 방앗간 주인』을 썼다. 뒤마 페르(Duma Père)는 1802년에 태어나서 1870년에 죽었고, 뒤마 피스

* 프랑스의 종교사가, 언어학자, 철학자(1823~1892). 그의 저서 『예수전』은 인간적이고 역사적, 비판적 입장에서 쓴 걸작으로 평가되고 있다 — 옮긴이.
** 프랑스의 화가, 소설가, 미술평론가(1820~1876). 자전적(自傳的) 연애소설 『도미니크』가 유명하다 — 옮긴이.
*** 프랑스의 시인, 극작가, 소설가로서 낭만파 4대 시인 중의 한 사람(1797~1863). 전 작품을 일관한 것은 천재의 숙명적 고독, 시인의 사회적 고립, 투철한 스토이시즘이었다 — 옮긴이.

(Dumas Fils)는 1842년에 태어나서 1895년에 죽었다. 플로베르는 1851년 9월에 『보바리 부인』을 쓰기 시작했는데, 그 작품은 1856년에야 《파리평론》지에 발표되었다.

바이런은 1824년에, 셸리는 1822년에 죽었다. 월터 스콧은 1832년에, 워즈워스는 1850년에 죽었다. 콜리지(Coleridge)는 19세기 초에 사우디(Robert Southey)와 함께 작품을 발표하고 있었다. 한편 칼라일은 1850년에 장년기에 도달해 있었고, 디킨스는 마르크스와 같은 시대의 사람이었다.

독일인인 하이네와 프라일리그라트와 헬베크(1817~1875)는 마르크스 부부의 친구이거나 또는 지난날의 친구였다. 울란트(Uhland, 1787~1862)는 사실주의적 작가인 G. 켈러(G. Keller, 1819~1890)보다 조금 일찍 태어났다. 러시아에서는 푸시킨이―마르크스는 푸시킨을 원문으로 읽었다[1]―1779년에 태어나서 1837년에 죽었고, 고골은 1809년에 태어나서 1852년에 죽었다. 투르게네프(1818~1883)는 영광의 절정에 있었고, 톨스토이(1828~1910)는 한때 마르크스를 매혹케 했으나 나중에는 마르크스의 조소의 대상이 되었다. 도스토옙스키(1821~1881)는 성스러운 러시아와 함께 울었고, 이탈리아에서는 레오파르

•••

1) 마르크스는 50살 때에 러시아 어를 배우기 시작했는데, 반년 뒤에는 푸시킨, 고골, 시체드린(살티코프의 필명―옮긴이)의 작품들을 읽을 정도까지 이르렀다.

디(Leopardi, 1798~1837)와 만조니(Manzoni, 1785~1873)가 소생하는 조국을 노래했다.

마르크스는 당대의 작가들 가운데서 발자크를 누구보다도 높이 평가했다(그의 『환멸(Les Illusions Perdues)』은 1837년과 1843년 사이에 쓰여졌다). 스탕달은 그의 주의를 끌지 못했던 듯하며, 1848년에 프랑스 임시정부의 수반이 된 라마르틴(Lamartine)에 관해 마르크스가 관심을 갖게 된 것은 그 시인의 낭만주의에 대한 감탄에 의해서라기보다는 그 시인의 부르주아적 개량주의에 대한 증오 때문이다.

트리어 시대의 마르크스는 드 스탈(de Staël) 부인이 (『독일론』에서) 썼듯이 독일인을 서정적인 민족으로 만들고 있는 상상력과 관조적인 침잠(沈潛)이 무엇인지를 알고 있었다. 베를린 시대의 마르크스는 헤겔의 이른바 '불행한 의식(意識)' 이상의 경지에까지 이르렀고, 파리와 브뤼셀 시대의 마르크스는 외젠 쉬가 신문 연재소설에서 '룸펜 프롤레타리아' 소설을 쓴다고 했지만, 사회사(社會史)의 하층의 현실을 묘사한 것이 아니라는 것을 간파할 줄 알았다. 런던 시대의 마르크스는 그의 천재성의 완숙기에 와 있었기 때문에 더 철저한 곳으로 전진해 갔다. 즉 당대의 갖가지 자료를 세밀하게 분석하고 사물의 시간성을 생각했다. 호메로스와 아이스킬로스는 그에게 여전히 감

마르크스(48살)와 그의 첫째 딸 예니(1866).

탄의 대상이었다. 그는 셰익스피어의 작품, 괴테 및 하이네의 작품과 세르반테스의 『돈 키호테』를 놀라우리만큼 세부에 이르기까지 알고 있었다. 디드로(Diderot)에 대해서는 "이 사람이야말로 내가 가장 좋아하는 작가"라고 말할 정도로 심취했다. 그러나 그가 그 성찰의 가장 구체적인 재료를 발견하게 되는 것은 발자크의 작품에서였다. 그는 발자크론을 쓸 작정이었으

나 그럴 겨를을 얻지 못했다.[2]

마르크스의 시대에 일어났던 연애 및 결혼의 여러 문제들에 대해 가장 완전하고도 가장 깊은 연구 성과를 발견하게 되는 곳도 발자크의 작품 속에서이다. 간통은 거기에서는 절대로 남성의 죄가 아니었다. 여성에게는 아무런 경제적 독립도 없었다. 앙드레 뷔름세르(André Wurmser)는 이와 관련하여 다음과 같이 적절하게 말했다.

> 당시는 법률이 결혼계약에 의해 여성을 획득하는 것을 완전한 소유권으로 규정했고, 동시에 또 임대계약에 의해 여성을 일시적으로 소유하는 것을 인정하고 있었다. 그것은 말할 것도 없이 매음이었다.[3]

『두 젊은 아내의 수기』에서 발자크는 이렇게 설명했다. "여성은 약자이며, 결혼이라도 하는 날에는 자기의 의지를 남성을 위해 완전히 희생하지 않으면 안 되었다"라고. 그리고 사정이 그

---

[2] 마르크스는 『자본론』에서도 발자크에 대해 언급하고 있다(제1권, 제22장 제2절, 주28의 a 및 제3권, 제1장). 엥겔스 역시 발자크를 가장 높이 평가하고 있었다는 사실은 1888년 4월 무렵에 마가레트 하그네스에게 보낸 그 유명한 편지에 의해 알려졌다.
[3] 앙드레 뷔름세르, 『비(非)인간희극(la Comédie inhumaine)』 (N.R.F.).

오노레 발자크(1799~1850).

와 같았기 때문에—그리고 아마 지금도 자주 그렇기 때문에—"오늘날 이루어지고 있는 결혼은 합법적인 매음으로 생각된다"(『30세 여인』)라고. 아무튼 여성은 "남성과 평등"할 수는 없었다(『골짜기의 백합』).

당시의 그 같은 현실에 마르크스는 그의 혁명적 이상을 대립시켰다. 그가 여성 일반에 대해서, 특히 그의 아내에 대해

1869년 9월 11일 바젤에서 열린 국제노동자협회 회의에 참가한 대표들.

서—그녀는 그의 협력자였고, 그리고 이것은 지금까지 별로 강조된 적이 없는 사실이지만 그와 마찬가지로 전투적인 여성이었다—갖고 있었던 평등주의적인 감정에 관해서는 수많은 증언이 남아 있다.[4]

1844년에 쓰여진 엥겔스의 저작으로, 그가 마르크스의 견해[5]를 골자로 하여 썼다는 취지를 밝히고 있는 『가족, 사유재산, 국가의 기원』 속에는 과학적 사회주의 창시자들의 연애와 결혼에 대한 견해가 완전히 그리고 분명히 드러나 있다. 긴 분석을 통해 인류의 기원 이래의 가족의 역사적 기초를 설명하고 나서, 그는 다음과 같이 규정하고 있다.

① 단혼(單婚) 가족은 미개(未開)의 중간 단계와 높은 단계의 경계를 긋는 시대에 발생했다. 그 결정적인 승리는 "문명의 시작을 나타내는 지표의 하나이다."

② 그러나 근대에 와서 결혼의 유대를 깨뜨리고 아내를 축출

---

4) 1866년 9월, 제네바에서 열린 제1인터내셔널(국제노동자협회) 제1회 대회에서 남녀의 평등을 선언하자는 결의가 프루동의 반대의사를 누르고 채택되었다. 프루동은 마르크스와는 달리 여성의 활동을 요리와 자녀 교육으로 제한하려고 했다.
5) 엥겔스는 다음과 같이 썼다. "여기에 실린 글들은 어떤 의미에서 볼 때 (마르크스의) 유언을 집행하는 것이라 할 수도 있다. 카를 마르크스는……" (초판의 서문).

할 수 있는 것은 보통 남편뿐이다. '남편은 이 단계에서도 정조를 지키지 않을 권리를 적어도 관습상 보장받고 있으며(『나폴레옹 법전』은 남편이 정부를 집안으로 끌어들이지 않는 한, 그러한 권리를 그에게 명확히 부여했다), 또 사회가 한층 더 발전함에 따라서 그 권리는 더욱 확대된다.'

③ "일부일처제는 결코 개인적 성애의 소산이 아니었다.…… 일부일처제는 자연적 조건이 아니라 경제적 조건에 기초한, 즉 원시적·자연발생적 공동소유에 대한 사적소유의 승리를 기초로 한 최초의 가족 형태였다.…… 이와 같이 단혼은 결코 남녀 간의 합의에 의한 결합으로 역사에 나타난 것이 아니다. 더구나 합의의 최고 형태로서 나타난 것이 아니라 그 반대이다. 그것은 한 성(性)에 의한 다른 성의 예속이며, 과거 어느 시대에서도 나타나지 않았던 양성 간에 존재하는 모순의 선언으로서 등장한 것이다. 출간은 되지 않았으나 1846년 마르크스와 필자가 쓴 오래된 원고(『독일 이데올로기』를 말함-옮긴이)에는 다음과 같이 적혀 있다. 즉 '최초의 분업은 자식을 생산하기 위한 남녀 간의 분업이었다'. 이제 나는 여기에 다음과 같이 덧붙이고자 한다. 즉 '역사에 나타난 최초의 계급적 대립은 단혼 제도에서 보게 되는 남녀 간의 적대적 발전과 일치하며, 따라서 최초의 계급적 억압은 남성에 의한 여성의 억압과 일치한다'고. 단혼은 역사상 일대

진보이기는 했으나, 동시에 그것은—노예제 및 사유재산과 함께—현재까지도 그렇지만, 온갖 진보가 동시에 상대적 퇴보이기도 하며, 한 사람의 행복과 발전이 다른 사람의 고난과 억압을 대가로 하여 실현되는 시대를 열어 놓았다."

④ "단혼과 함께 종전에는 알지도 못했던 두 개의 특징적인 사회적 인물, 즉 아내의 정부와 배반당한 남편이 나타난다. 남자가 여자에게 승리하기는 했으나 승자의 월계관은 패배자가 유유히 차지하게 되었다."

⑤ "우리가 알고 있는 모든 가족 형태 중에서 일부일처제만이 근대적 성애를 발전시킬 수 있는 유일한 형태였다. 그렇다고 해서 이 근대적 성애가 전적으로 또는 주로 일부일처제 내에서 부부 상호 간의 애정으로 발전했다는 말은 아니다."

⑥ 그러나 남성과 여성의 경제적 평등이 있을 때는 "일부일처체의 영원한 동반자인 난교나 간통도 여기서는 그 역할이 전혀 보잘것없다. 아내는 이혼할 수 있는 권리를 실질적으로 회복했으며, 또 당사자들이 행복하게 살 수 없는 경우에는 차라리 이혼해 버린다. 요컨대 프롤레타리아트의 결혼은 어원학적으로 보면 일부일처제적이기는 하지만, 그 역사적 의미에서는 결코 일

부일처제가 아니다."

⑦ "현대의 성애는 고대인들의 단순한 성적 욕망, 에로스와는 본질적으로 다르다. 첫째로 그것은 사랑을 받는 자가 상대방을 사랑해 주는 것을 전제로 한다. 이 점에서 여자는 남자와 평등하다. 그런데 고대의 에로스에서는 그러한 사랑이 전혀 문제되지 않았다. 둘째로, 성애의 힘과 지속성은 대단한 것이었기 때문에 실연이나 이별이 양쪽 모두에게 최대의 불행은 아닐지라도 대단한 불행이었다. 남녀는 서로 배우자를 얻기 위해 그야말로 커다란 모험을 하며 심지어 생명까지도 내건다. 고대에는 간통의 경우에만 이런 일이 있었다."

⑧ "따라서 완전히 자유로운 결혼은 자본주의적 생산과 이에 기인하는 소유관계가 지양됨으로써, 오늘날 아직도 배우자의 선택에 아주 큰 영향을 주는 그 모든 부차적인 경제적 고려가 제거됨으로써 비로소 일반적으로 실현될 수 있다. 그때에는 이미 상호 간의 애정 이외에 다른 아무런 동기도 남아 있지 않을 것이다. 성애는 그 본질상 배타적이기 때문에―이 배타성을 현재는 오직 여자만이 지키고 있지만―성애에 기초한 혼인은 그 본질상 단혼이다."

⑨ "만일 사랑에 기초한 결혼만이 도덕적이라면 사랑이 지속되는 동안의 결혼만이 도덕적이다."

마르크스가 생활 현실에서 여러 가지 의무나 풍습, 사랑에 대한 그의 견해에도 불구하고 그의 시대를 지배하던 의무나 풍습을 괴로움 없이 따르지 않았던 것이 시간과 공간을 초월한 어떤 주의주의(注意主義)의 결과였다고 생각하는 것은 별로 올바른 사고방식이 아니다. 매춘제도를 단죄하고 스스로도 그런 곳에는 얼씬도 하지 않았던 그는 그의 동시대 사람인 르낭의 말을 빌려 말한다면 — 르낭과 마르크스 사이에는 뚜렷한 차이가 있었지만 — "그들로부터 사랑받는 것이 가장 필요했던"[6] 여자들, 즉 자기의 아내와 딸들로부터 사랑받았다고 말할 수 있다.

바로 그런 아내와 딸들과의 관계에 대한 새로운 면을 그의 생활과 사랑에 대한 생각과 관련시켜 다음 장에서 살펴보자.

● ● ●
6) E. 르낭, 『소년시대, 청년시대의 회상(Souvenirs d'enfance et de jeunesse)』.

10장

만년(晩年)

> 시샘하는 시간이여, 찰랑찰랑 스며드는 물결처럼
> 사랑이 우리에게 행복한 생각을 쏟아붓는 이 짧은 한때가
> 불행한 나날처럼 빨리 우리 곁에서
> 멀리 떠나 버리다니, 그런 일이 있어도 좋단 말인가?
>
> — 라마르틴[*]

카를 마르크스에게는 고행자와 같은 것은 없었다. 그는 교외에 산책이라도 나가면, 마을 어느 술집에서 스타우트 맥주잔을 들고 긴 사기 파이프를 입에 문 채 친구들과 농담을 하거나 음식을 먹는 것을 좋아했다. W. 리프크네히트는 그와 처음으로 만났을 무렵인 1850년의 어느 날을, "우리는 이튿날 아침까지 떠들고 웃고 마셨다"고 회상했다. 그것은 7월에 있었던 일

∙∙∙
* 프랑스의 시인, 정치가(1790~1869). 낭만파의 대표적인 시인으로 2월혁명 때에는 외무장관을 지냈다 — 옮긴이.

이었고, 그때 마르크스는 리젠트 스트리트에 전시돼 있던 열차를 끄는 전기기관차의 모형에 열광하고 있었다. 마르크스는 다음과 같이 말했다.

이제야 문제가 해결되었다. 이것의 결과는 이루 다 헤아릴 수 없다. 그리고 경제적 혁명이 일어난 후에는 정치적 혁명이 필연적으로 일어날 것이다. 후자는 전자의 필연적인 표출이기 때문이다.

마르크스는 여자나 아이들이 위험에 처하거나 해를 입는 것을 가만히 앉아서 보지 못하는 성미의 남자로 기억되었다. 어느 날, 리프크네히트와 함께 삯마차를 타고 햄프스테드 거리를 지나가는데 그가 갑자기 마차에서 뛰어내리더니 어디론가 달려갔다. "사람 살려, 도와줘요"라고 외쳐 대는 한 여자를 돕기 위해서였다. 그는 곧바로 그 여자를 둘러싸고 한 마디씩 하고 있는 한 떼의 사람들 속으로 비집고 들어갔다. 피해자라고 생각했던 여자가 사실은 남편이 집으로 데려가려고 잡아끄는 술취한 그의 아내임을 알았을 때는 일이 벌어지고 난 뒤였다. 그 부부는 갑자기 화해를 하고 나서 오히려 친절한 마르크스에게 대들었다. 여자는 보기 좋게 난 마르크스의 검은 수염을 잡아채려 했고, 군중도 참견하기 좋아하는 '저주받은 외국인'

에게 덤벼들었다. 경관 두 사람이 달려와서야 가까스로 마르크스는 그 궁지에서 벗어날 수 있었다.

자신의 정적(政敵)에 대해서는 가장 격렬한 말을 퍼붓는 것도 두려워하지 않았던 마르크스였지만, 부인이나 아이들 앞에서는 아주 섬세한 태도를 취했다. 리프크네히트는 이렇게 썼다.

> 이야기가 점잖지 못한 화제로 옮겨가기라도 하면 그는 신경을 곤두세웠고 몹시 곤혹을 느끼는 듯 의자 속에서 몸을 뒤흔들었으며, 여섯 살 난 계집아이처럼 얼굴을 붉히는 일도 있었다. 하지만 우리 젊은 망명자들은 다루기 힘든 구석이 있어서 아슬아슬한 노래를 즐겨 부르기도 했다. 그런데 어느 날 아주 아름다운 목소리를 갖고 있었던 우리들 가운데 한 청년이―그런 목소리를 갖고 있는 사람은 우리 동료들 가운데에서는 예외적인 사람이었다. 왜냐하면 정치가 특히 공산주의자나 사회주의자는 음악의 여신과는 사이가 좋지 못한 것으로 여겨지고 있었기 때문이다―마르크스의 집 응접실에서 〈젊은, 젊은 친구여〉라는 듣기 좋은 노래를, 그러나 약간 외설스러운 노래를 부르기 시작했다.
> 마르크스 부인은 그곳에 있지 않았다. 만약 그녀가 있었다면 우리는 그런 노래를 감히 부르지 못했을 것이다. 마들렌(아마도

헬레나를 잘못 부른 것 같다 — 옮긴이)도 딸들도 보이지 않았기 때문에 우리는 '우리들끼리만 있는 것으로' 생각했다. 마르크스는 처음엔 거기 있는 모든 사람과 함께 그 노래를 따라 부르다가, 아니 그보다 더 정확히 말한다면 함께 소리 지르고 있다가 갑자기 안절부절했다. 동시에 나는 옆방에서 나는 소리를 들었다. 그것은 거기에 몇 사람이 있다는 것을 나타내는 두런거림이었다. 마르크스도 아마 그 소리를 들었던 모양이다. 그는 잠시 의자에서 몸을 뒤척이면서 아주 곤혹스런 표정을 짓더니 갑자기 일어나면서 상기된 얼굴로 말했다. "쉿, 조용히 해요. 딸들이야."

그의 딸들은 사실 그때 아직 어렸기 때문에 〈젊은, 젊은 친구여〉라는 노래가 그들의 수치심에 상처를 줄 염려는 없었다. 우리들은 어이가 없어서 웃었다. 그러나 마르크스는 우리가 이런 노래를 아이들 앞에서 부를 권리는 없다고 더듬거리면서 말했다. 그런 일이 있고 난 뒤로 우리들은 〈젊은, 젊은 친구여〉나 그와 비슷한 종류의 다른 노래도 마르크스의 집에서는 다시 부를 수 없었다.

예니도 그 점에서는 아주 엄격했다. 그녀는 무례한 짓이라면 어떤 것도 용서하지 않았다. 같은 증인 리프크네히트는 이렇게 말했다.

그녀가 어느 날 붉은 늑대(Loup Rouge)[1]에게 안겨 준 충격을 나는 기억하고 있다. 파리지엥(Parisien) 같은 행동이 몸에 밴 붉은 늑대가―그는 극도의 근시안이었다―어느 날 밤 길거리에서 실루엣이 우아한 어느 여자를 발견하고 그녀의 뒤를 따르기 시작했다. 베일을 쓴 여자의 둘레를 몇 번이나 배회해도 여자는 그에게 아무런 주의도 기울이지 않았다. 그래서 그는 마음을 크게 먹고 알지 못하는 그 여자의 얼굴에 바짝 얼굴을 들이댔다. 그러자 근시인 그에게도 여자의 얼굴 모습이 분명히 보였다. 그런데 놀랍게도 그 여자는 바로 마르크스 부인이었다. 이튿날 그는 몹시 낭패한 기색으로 나에게 그 이야기를 했다. "그래 마르크스 부인은 당신에게 뭐라고 말하던가요?" "아무 말도 하지 않아서 내 입장이 더 난처했어요." "그래 당신은 어떻게 했나요? 잘못을 빌었나요?" "아니요, 그냥 도망쳤지요." "용서를 빌기만 하면 그만 아닌가요? 뭐 그리 대단한 일도 아닌데……."

그러나 그 붉은 늑대는 그의 파렴치한 행동이 알려지자 6개월 넘게 마르크스의 집에 발걸음조차 할 수 없었다. 내가 간접적으로 들어 본 바로는 마르크스 부인은 집에 돌아와 돈 후안의 역

・・・
[1] 그는 《신라인신문》의 협력자인 페르디난트 볼프(Ferdinand Wolf)이다. 마르크스가 『자본론』을 바친다고 말한 '감옥의 늑대(Loup des prisons)'인 빌헬름 볼프와 혼동해서는 안 된다.

마르크스(51살)와 첫째 딸 예니(1869).

할을 한 운 나빴던 '붉은 늑대'의 낭패해하는 머쓱한 얼굴 표정을 생각해 내고는 그냥 웃어넘겼다는 사실을 이튿날 그에게 알려 주었다고 하는데도.

마르크스와 예니는 딸들에게 될 수 있는 대로 완전한 교육을 시켜 주기로 마음먹었다. 작은 예니와 라우라는 초등학교를 나온 뒤 둘 다 상급학교에 다녔다. 예니[2]는 특히 고대사와 문학에 흥미를 갖고 있었다. 그녀에겐 놀랄 정도의 어학적인 재능이 있었는데, 부모는 그녀에게 무용과 음악 수업을 받게 했다. 라우라[3]는 시를 많이 썼다. 괴테의 『파우스트』를 영역하기도 했다. 음식을 잘 만들기도 했지만(그녀는 '요리의 선녀'라고 불렸다), 우아했으며 스포츠를 좋아했다. 그래서 마술(馬術)을

• • •
2) 첫째 딸인 예니는 제1인터내셔널 결성 당시 아버지를 도와 일했으며 마르크스가 『자본론』을 쓸 때는 비서로 도왔다. 예니는 아버지가 『자본론』을 집필할 수 있도록 런던 노동자들의 생활상태, 무역, 재정, 산업 등에 대한 많은 신문 스크랩과 노트를 준비하고 주(註)를 달았는데, 그것은 아직도 남아 보존되고 있다고 한다.
그녀는 'J. 윌리엄스'란 필명으로 아일랜드의 민족해방운동을 지지하는 정치평론을 써서 큰 반향을 일으키기도 했다. 마르크스는 예니의 저널리스트로서의 활동을 높이 평가하여 '우리의 명예인 J. 윌리엄스'라고 말하기도 했다고 한다.
그녀는 프랑스의 저널리스트로서 파리 코뮌에 적극 참가한 바 있는 샤를 롱게(Charles Longuet)와 1872년 10월 결혼했다. 롱게는 인터내셔널의 적극적인 활동가이기도 했는데, 파리 코뮌의 공식기관지의 편집장을 지냈다. 그는 코뮌 패배 후 런던으로 망명하여 마르크스가(家)를 방문했다. 예니는 가난과 질병 속에서 고통스럽게 살다가 1883년 1월, 39살의 나이에 5명의 자녀를 남기고 사망했다.
3) 둘째 딸인 라우라는 제1인터내셔널과 파리 코뮌에 적극 참가했던 폴 라파르그(1842~1911)와 1868년 결혼했다. 파리 코뮌 패배 후 런던으로 망명한 라파르그는 그 후 프랑스로 돌아가 프랑스 노동당을 창립하는 데 참가했는데, 프랑스 노동당의 많은 선언과 성명이 그에 의해 기초되거나 편집되었던 것으로 알려져 있다. 그는 《에갈리테(Egalité)》지의 책임 집필자가 되기도 했다.
마르크스는 라우라의 문학적 재능을 높이 평가했으며, 라우라에게 인터내셔널의 역사를 쓰도록 권고하고 필요한 자료를 제공하겠다고 약속했던 것으로 알려져 있다. 라우라는 마르크스, 엥겔스의 많은 저작들을 프랑스 어로 번역하는 한편 이들의 문헌을

배웠다(그녀는 '승마의 숙녀'라고도 불렸다). 막내딸 엘레아너[4]는 특히 문학에 흥미를 갖고 있었다.

라우라가 쿠바 태생의 젊은 의대생 폴 라파르그와 알게 된 것은 1866년으로, 그녀는 1867년에 그 청년과 결혼했다. 그러나 결혼에 이르기까지는 곤란한 일이 없지도 않았다. 그 이유는 다음과 같다.

1866년 8월 23일, 마르크스는 엥겔스에게 보낸 편지에 이렇게 썼다.

• • •

출판하는 데 많은 일을 했다. 마르크스, 엥겔스의 왕복서한집도 그녀가 교열한 뒤 발표되었다. 동생 엘레아너가 죽은 뒤엔 마르크스, 엥겔스 유산의 유일한 관리자가 되었다. 라우라 부부는 1911년 1월, 사람이 나이 들면 자신에게도 남에게도 무거운 짐이 된다는 내용의 유서를 남기고 함께 자살한 것으로 알려져 있다.

4) 넷째 딸(셋째 딸 프란치스카는 생후 1년 만에 사망)인 엘레아너는, 아일랜드 프로테스탄트 목사의 아들로서 옥스퍼드 대학 의학부와 자연과학부를 나온 에드워드 에이블링(Edward Aveling)과 1884년 결혼했다.

엘레아너는 문학과 연극에 관심이 많았던 것으로 알려져 있으며, 마르크스 저작을 출판하기 위해 노력했다. 『자본론』의 영역본이 출판될 때는 영역 원고를 전부 읽고 모든 인용을 원전과 대조해 가며 오역을 바로잡았다고 한다. 엥겔스가 죽은 뒤 그녀는 《뉴욕 트리뷴》지에 실렸던 엥겔스의 논문을 모아 『독일에서의 혁명과 반혁명』이라는 책으로 발간했으며, 동방 문제에 관한 마르크스, 엥겔스의 논문을 모아 출판하기도 했다. 그녀의 남편 에이블링은 처음엔 급진적 자유주의자였으나 마르크스주의의 영향을 받아 사회주의자가 되었으며, 영국의 사회주의자연맹에 참가하기도 했다. 그리고 새뮤얼 무어와 함께 『자본론』을 영역했다. 그러나 그 후 그는 도덕적으로 타락해, 이기주의자, 음모가가 되어 친지와 동료들 사이에서 평판이 좋지 않았다. 엘레아너는 그의 품행과 비열한 태도 등에 대해 크게 고심하다가 1889년 자살했다.

1866년의 마르크스(48살).

……라파르그가 먼저 런던에서, 그리고 파리에서 학위를 얻을 때까지 결혼 얘기를 꺼내지 않는다는 것은 이미 양해된 일일세. 그러나 나는 어제 그가 영국적인 침착한 행동거지를 체득하지 못하는 한 라우라의 의사와는 관계없이 그에게 휴가를 줄 것이라고(기다리게 할 것이라고―옮긴이) 그 크레올(créole, 식민지 태생의 백인―옮긴이)에게 말해 두었네. 그는 그 점을 잘 이해해야

마르크스가 엥겔스에게 보낸 편지(1867년 8월 16일자).

할 것일세. 그렇지 않으면 곤란한 일이 벌어질 테니까.

마르크스는 라파르그에게 깊은 애정을 쏟았으며, 그의 머리가 정치적으로 날카롭다는 점을 높이 평가했다. 또한 마르크스는 그가 장래 훌륭한 의사가 될 것이라고, '알코올과 전기(電氣)는 아주 중요한 약'이라고 생각하는 훌륭한 의사가 될 것이라고 생각했다. 그러나 그 젊은이가 사랑 때문에 저지를지도 모르는 위험한 행동을 경계했고, 딸을 너무나 일찍 모험에 뛰어들게 하고 싶지 않았다.

이 문제에 관해서는 아직 발표된 적이 없는 하나의 중요한 문서가 있다. 라파르그에 대한 마르크스의 생각에 이상한 빛을 던지는 문서이다. 그것은 다름 아닌 마르크스가 1866년 8월 13일에 폴 라파르그에게 보낸 편지였다.[5]

친애하는 라파르그 군,

실례인 줄 아나 다음과 같은 충고를 들어 주기 바라네.

① 자네가 내 딸과 계속 사귀고 싶다면 자네의 '언행' 표현방법을 잘 생각해서 고쳐야 한다고 생각하네. 약혼이 이루어진 것도 아니며, 분명히 결정된 것이라고는 아직 아무것도 없다는 점을 자네는 알고 있겠지.

그리고 가령 내 딸이 자네의 정식 약혼자라 하더라도 그것은 오래 걸리는 일이라는 것을 자네는 잊어서는 안 되네. 자네 두 사람은, 늘 쓰라린 시련과 연옥(煉獄)을 겪으면서 필연적으로

• • •

[5] 프랑스 어로 씌어진 그 편지는 모스크바의 마르크스-레닌주의 연구소에 소장되어 있다. 앞에 인용된 엥겔스에게 보낸 마르크스의 편지가 암시하고 있는 것은 아마도 그 편지일 것이다.

라우라의 남편 폴 라파르그.

　오랜 세월을 같은 곳에서 살게 될 것인 만큼 지금 너무나 친밀하게 어울리는 습관은 마땅한 것이 못 되네.
　겨우 1주일 동안에 자네의 행동이 날마다 변해 가는 것을 보고 나는 두려움을 금할 수 없네. 내 의견으로는 진정한 사랑이란 사랑하는 남자가 그 열애의 대상에 대해서 겸손한 태도나 신중함, 나아가선 수줍음으로 그것을 나타내는 것이지. 정열이 시키는 대로 행동하거나 또 그럴 때도 아닌 치근거림으로 그것을 나타내서는 절대로 안 된다고 생각하네.…… 만약 자네가 그것은 크레올 기질 때문이라고 자기변명을 한다면, 자네의 그 기질과 내 딸 사이에 나의 이성을 개입시키는 일이 바로 내가 해야 할 임무일 것 같네. 만약 자네가 라우라와 교제하는 데 런던의 풍토에 어울리는 방식으로 사랑하는 방법을 모르겠다면 자네는 라우라를 멀리서 사랑하는 데 그쳐야 할 것이네.

② 자네와 라우라의 관계를 결정적인 것으로 만들기 전에 나는 자네의 경제적 처지에 대해 솔직한 것을 알고 싶네. 딸은 내가 자네의 경제상태를 잘 알고 있는 것으로 생각하지만 그건 잘못 알고 있는 것일세. 내가 지금까지 그 문제를 화제에 올리지 않은 이유는 그런 문제는 자네 쪽에서 먼저 털어놓아야 한다고 생각했기 때문일세. 자네도 알다시피 나는 혁명을 위한 투쟁 속에서 모든 재산을 희생으로 제공해 왔네. 나는 그 일을 후회하지 않네. 그럴 뿐 아니라 내가 새로운 인생을 다시 시작한다고 해도 나는 같은 길을 걸을 것일세. 다만 그 경우엔 결혼은 하지 않을 작정이지. 나는 힘 닿는 데까지 내 딸이 암초에 걸리지 않게 해 주고 싶네. 그 아이의 어머니의 일생이 암초 위에서 엉망진창이 되었기 때문일세. 나의 직접개입(그것은 내 나약성에서 유래하는 것이지만)과 자네에 대한 나의 호의가 딸의 행동에 미친

영향이 없었다면 이 문제가 결코 지금처럼 되지는 않았을 터이기 때문에, 나는 개인적인 책임이 내 위에 무겁게 지워지고 있는 것을 느끼고 있네.

자네의 현재의 처지는, 내 스스로 얻은 정보에 따르면 결코 나를 안심시켜 주지 못하고 있네. 그러나 그것은 그런대로 괜찮다고 하세. 자네의 일반적인 위치가 어떤 것인가를 말한다면, 그에 대해 내가 알고 있는 바는 이러하네. 자네는 아직 학생이라는 것, 프랑스에서의 자네 계획은 리에즈(Liège) 사건 때문에 반쯤은 중단됐다는 것, 자네가 영국의 풍토에 적응하려고 해도 그러기 위해서 필수불가결한 수단인 영어 실력이 자네에겐 아직도 결여돼 있다는 것, 그리고 일이 가장 잘 풀릴 경우에도 자네의 (성공의 기회)는 아직도 몹시 의문스럽다는 것이지(괄호 안의 말은 인용자가 원문에서 빠진 부분을 보충해서 삽입한 것-옮긴이).

내가 자네를 관찰해서 확인한 바로는 자네는 때때로 발작적으로 열에 들뜬 듯한 활동을 하기도 하고, 또 좋은 의욕을 갖고 있기는 하지만 타고난 근면가는 아닌 것 같네. 그렇다면 내 딸과 함께 살기 위해서는 외부로부터의 지원이 필요하게 되겠지.

그러나 자네의 집안에 대해선 나는 아무것도 모르고 있네. 자네의 집안이 어느 정도 유복하다 하더라도 자네를 위해 희생을 치를 마음들을 갖고 있는지 없는지도 아직 모르고 있다네. 집안 사람들이 자네 결혼을 어떤 눈으로 보고 있는지조차 나는 모르고 있지 않은가.

거듭 말하지만, 이런 모든 점들에 대해서 분명하게 알아두어야만 하겠네. 참으로 현실적인 생활인인 자네는 내가 딸의 장래를 이상주의자로서 취급하기를 기대하지는 않겠지. 시(詩)를 폐지하고 싶다고 생각할 만큼 실증적인 사람인 자네가 내 딸을 희생시키면서 시를 쓰려는 일 따위는 바라지 않겠지.

③ 이 편지를 두고 일어날 수 있는 모든 잘못된 해석을 피하기 위해 미리 말해 두지만, 자네가 서둘러 오늘 당장 약혼을 할 수 있는 상태를 조성한다 해도 그렇게는 되지 않을 걸세. 딸은 거절할 것이고, 나도 반대할 것이야. 자네는 결혼을 생각하기 전에 먼저 훌륭한 인간이 되어 있어야 하네. 그리고 자네와 내 딸을 위해서는 긴 시련의 시기가 필요하다고 생각하네.

④ 이 편지를 우리 두 사람만의 비밀로 간직해 두었으면 하네. 답장을 기다리고 있겠네.

카를 마르크스

이 편지는 여러 가지 점에서 아주 흥미롭다. 마르크스는 "진정한 사랑이란 사랑하는 남자가 그 열애의 대상에 대해서 겸손한 태도와 신중함 그리고 나아가선 수줍음으로 그것을 나타내는 것"이라고 말하고 있는데, 그것이 그의 솔직한 감정임은 논의의 여지가 없다. 그에게 진정한 사랑이란 진지하고 시적이고 심오한 것이었다. 그것은 서정적인 감격과 자제를 수반해야만 하는 것이었다. 그것은 문란한 것이나 소홀함과는 일치하지 않는다. 그것은 결혼에 의해서, 또는 적어도 영속적인 약속에 의해서 구체화된 것이 아니면 안 된다. 그와 같은 마르크스의 생각은 19세기의 (그리고 현대의) '진보주의적'인 문학이 그처럼 애호했던 '자유연애'의 이론과는 전혀 다른 것이다.

  어떤 사람들은 그 점을 들어 마르크스를 부르주아적이라고 비난하기도 한다. 그의 걱정거리 몇 가지는 (그것은 그의 시대의 현실과 그 자신의 불행에 의해 해명될 수 있는 것이지만) 매우 비속한 것으로 보이는 것도 사실이다. 그러나 그 편지 속에는 아주 중요한 문장 두 토막이 있다. "내가 새로운 인생을 다시 시작한다고 해도 나는 같은 길을 걸을 것이다. 다만 그 경우에는 결혼은 하지 않을 것"이라는 대목이다. 뼈저린 가난도 그에게는 문제가 되지 않았다. 그러나 그가 견딜 수 없었던 것은 조국에서 쫓겨난 자의 고난에 찬 삶 속으로 사랑하는 사람을 끌여들였다는 것이었다. "결혼은 하지 않겠다"……. 그것도 사랑의 절규로 보아야 할지도 모른다.

11장

마르크스의 고백

> 한 척의 배 있어,
> 내가 가장 사랑하는 이를 실어 갔노라.
>
> – G. 아폴리네르[*]

훗날 모스크바의 마르크스·엥겔스 연구소를 창립하게 되는 다비드 리야자노프(David Riazanov)**는 1910년께 파리에 머물면서 라우라 라파르그가 보관하고 있던 문서를 연구하고 있었다. 리야자노프는 라우라와 이야기를 나누기도 했는데, 어느 날 이야기 도중에 라우라가 갑자기 마르크스의「고백(Confession)」을 자신이 보관하고 있다는 것을 생각해 냈다. 그것은 영어로 씌어져 있었는데, 1860~1861년 시기의 것으로 추정된다.[1]

• • •

* 프랑스의 소설가, 시인(1880~1918). 전위예술의 기수로서 초현실주의의 길을 연 뒤, 짧은 생애를 마쳤다—옮긴이.
** 소련의 마르크스주의 문헌학자. 모스크바의 마르크스·엥겔스 연구소의 운영과 공산주의 문헌 편집에 종사했는데, 후에 공산당으로부터 제명당했다—옮긴이.

영국에서는 (독일에서도 그랬지만) 그 무렵 젊은 처녀들이 그들의 가까운 친척이나 친구에게 설문지를 돌리는 습관이 있었다. 그것은 장난기가 깃든 것일 수도 있다. 하지만 이 경우 마르크스의 대답은 때로 익살스러운 것임에도 불구하고, 적잖게 우리의 흥미를 불러일으킨다. 그것은 다음과 같다.

고백

[문] 당신이 가장 높이 평가하는 특성은?
[답] 인간 일반에게는 소박, 남자에게는 힘, 여자에게는 연약함.

[문] 당신 성격의 특징은?
[답] 일관된 목적을 추구하는 것.

[문] 당신에게 행복이란?
[답] 투쟁하는 것.

● ● ●

1) 「고백」은 1923년, 리야자노프에 의해 『인간, 사상가, 혁명가로서의 마르크스』라는 제목의 선집 속에 포함되어 공개되었다. 프랑스 어판은 1927년에 국제사회출판사(Editions Sociales Internationales)에서 나왔고, 1968년 앙드로포스(Editions Anthropos)사(社)에서 다시 출간되었다.

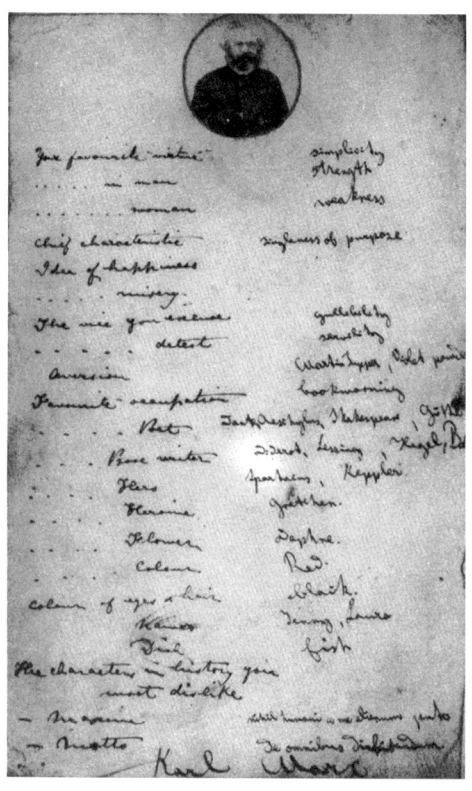

첫째 딸 예니의 설문에 대답한, 마르크스의 「고백」.

[문] 당신에게 불행이란?
[답] 복종하는 것.

[문] 당신이 가장 쉽게 용서할 수 있는 결점은?
[답] 쉽게 믿는 것.

[문] 당신이 가장 혐오하는 결점은?

[답] 노예근성.

[문] 당신이 싫어하는 사람은?

[답] 마틴 터퍼(Martin Tupper).[2]

[문] 당신의 취미는?

[답] 헌책방 뒤지기.

[문] 당신이 좋아하는 시인은?

[답] 셰익스피어, 아이스킬로스, 괴테.

[문] 당신이 좋아하는 산문 작가는?

[답] 디드로.

[문] 당신이 좋아라는 영웅은?

[답] 스파르타쿠스, 케플러(Kepler).

●●●

[2] 1850년에서 1855년 사이에 인기를 누렸던 영국의 시인. 마르크스는 이 시인을 꺼림직하고 야비한 사나이로 보고 있었다.

1867년의 마르크스(49살).

[문] 당신이 좋아하는 여주인공은?

[답] 그레첸(Gretchen).

[문] 당신이 좋아하는 꽃은?

[답] 월계수.[3]

[문] 당신이 좋아하는 색은?

[답] 붉은색.

[문] 당신이 좋아하는 이름은?

[답] 라우라, 예니.

[문] 당신이 좋아하는 요리(dish)는?

[답] 생선(fish).[4]

[문] 당신이 좋아하는 격언은?

[답] "인간에 관한 것이라면 모두 나와 관계가 있다."(테렌티우스)

[문] 당신이 좋아하는 금언은?

[답] 모든 것을 의심하라.

카를 마르크스

• • •

3) 영어로 Daphne(=Laurel), 즉 딸의 이름이기도 한 Laura.
4) 마르크스는 이 설문에 익살스러운 대답을 하고 있다. 영어로는 요리를 'dish'라고 말하므로 거기에 운(韻)을 맞춰 'fish'라고 대답한 것이다(그러나 사실 마르크스는 생선을 좋아하지 않았다고 한다).

그 대답들 가운데서 특히 두 가지가 우리의 흥미를 끈다. 남녀평등의 신봉자인 카를 마르크스가 남성의 특성으로는 힘을 들고, 여성의 특성으로 연약함을 들었던 것은 아마도 몹시 개인적인 감정을 그대로 나타낸 것으로 보인다. 예니는 약한 여자가 아니었다. 그러나 엥겔스에게 보낸 마르크스의 편지는 그녀가 절망과 고독감에 빠질 때도 있었다는 사실을 나타내고 있다(사실 그녀가 절망이나 고독감에 빠진 것도 무리는 아니지만). 그녀의 남편은 때때로 그것 때문에 고뇌했다. 그러나 그는 그녀를 이해하고 있었다. 그는 언제나 친구들에게 그녀가 그의 "아내이며 어머니"라는 것을 잊지 말도록 부탁했다고 한다.[5]

• • •

5) 엥겔스의 반려자(즉 애인. 엥겔스는 일생 동안 법률상의 아내를 갖지 않았다)인 메리 번스(Mary Burns)가 죽었을 때(1863년 1월 7일) 카를 마르크스는 처음에 그에게 아주 퉁명스러운 편지를 써 보냈는데, 이에 엥겔스는 기분이 상했다. 마르크스는 서둘러 사과하는 편지를 다시 써 보냈다. "나는 몇 번이나 아내에게 말했네. 이런 모든 성가신 일들(부채, 집달리, 어음거절증서 등)도 그런 부르주아적인 지불기한을 지켜야 하고, 그 때문에 신경을 쓰게 됨으로써 내가 이런 때에 자네를 위로하기는커녕 내 개인적인 궁상 때문에 또다시 자네를 괴롭히는 일을 했다는 사실에 비하면(지난번 편지에서 돈 마련을 부탁했던 것을 가리킨다―옮긴이) 하찮은 일이라고. 아무튼 그런 처지여서 가정의 평화는 크게 무너졌고, 불쌍하게도 아내는 그 충격을 견뎌 내야만 했네. 이번 일과 관련해서는 아내에게 아무런 허물도 없네. 여자란 불가능한 것을 요구하기 십상이지만…… 그날 아침(메리의 죽음을 알린 엥겔스의 편지가 배달된 날―옮긴이), 아내는 메리의 죽음을 슬퍼했고 자네가 받은 충격을 생각하고 울었는데, 그녀 자신의 궁상을 아주 잊을 정도로 거기에 정신을 빼앗기고 있었네. 우리 집의 궁상은 그날 바로 정점에 도달해 있었는데도. 그리고 밤이 되자 아내는 말했네. 집 안에

마르크스 자신도 그렇게 무감각한 사람은 아니었다. 그러나 그는 언제나―특히 남 앞에서는―일체의 감상을 피하려고 노력했다. 리야자노프는 다음과 같이 말했다.

그의 내면세계는 인연 없는 낯선 사람들에게는 닫혀 있었다. 서정시인들 가운데서도 가장 주관적인 시인인 하인리히 하이네나 비장한 자유의 시인인 프라일리그라트에게 그처럼 강한 매력으로 작용했던 그의 마음속의 온유함과 직관력, 정신적인 풍요를 친구들과 함께 나누는 그의 능력, 남의 인간적인 약점에 대해서는 조금도 엄격함을 갖지 않았던 것, 그러나 자기 자신의 결함에 대해서는 가차없이 가했던 비판정신, 그런 모든 것들은 세상의 눈이 엿볼 수 없는 갑옷 속에 감춰져 있었다.

마르크스가 좋아하는 이름은 라우라(「고백」은 그 라우라를 상대로 대답한 것이었다)와 예니였다. 거기에는 그만한 이유가 있었다. 좋아하는 여주인공은 그레첸이다. 그것은 우연이 아닐 것이다. 독일 문학에서의 그레첸, 특히 괴테의 (『파우스트』의 여주인공) 그레첸은 자연스러움과 소박함과 진솔함의 모범이다. 그

● ● ●

아이들이 없고 집달리가 와 있지만 않았다면 우리만큼 (자네의 불행을 보고―옮긴이) 고통을 당한 사람은 이 세상에 없을 것이라고"(1863년 1월 28일).

마르크스의 부인 예니(1864).

런 특성들이야말로 마르크스가 바로 그의 아내에게서 발견한 것들이었을 것이다.

아내가 죽은 뒤 2주일째가 되는 날 장녀인 예니에게 보낸 편지에서 그는 이렇게 말했다.

내가 각 방면의, 여러 국적이나 직업을 가진 사람들로부터 받은 조문편지들은 모두 네 어머니를 칭찬하고 있단다. 의례적인 편지에선 좀체 볼 수 없는 충정(衷情)과 깊은 동정이 그 편지들 속에서 넘쳐흐르고 있구나. 나는 그것을 이렇게 이해한단다. 곧 네 어머니가 지닌 모든 것이 자연스럽고 진실되고 소박했기 때문이라고. 그랬기 때문에 네 어머니는 남들에게 밝은 인상을 주었던 것 같다.

병으로 쓰러지는 날까지, 예니는 남편의 일을 몸소 도왔다. 예니의 편지는 그녀가 고난을 견디면서 남편의 일에 협력해 왔다는 것을 보여 주고 있다. 1867년 9월 14일, 『자본론』의 제1권이 함부르크에서 출간되자 그녀는 남편과 함께 그 기쁨을 마음껏 나누었다.

1867년 12월 24일, 그녀는 쿠겔만(Kugelmann)[6]에게 보낸 편지에 이렇게 썼다.

이처럼 곤란한 조건 아래서 씌어진 책은 별로 없을 거예요.

∙∙∙

[6] 독일 하노버의 의사(1828~1902)이며, 독일에서 결성된 국제노동자협회의 창립자의 한 사람이다(그에게 보낸 마르크스의 서한이 『자본론』 및 마르크스주의의 주요 참고문헌이 되고 있다는 것은 잘 알려져 있다―옮긴이).

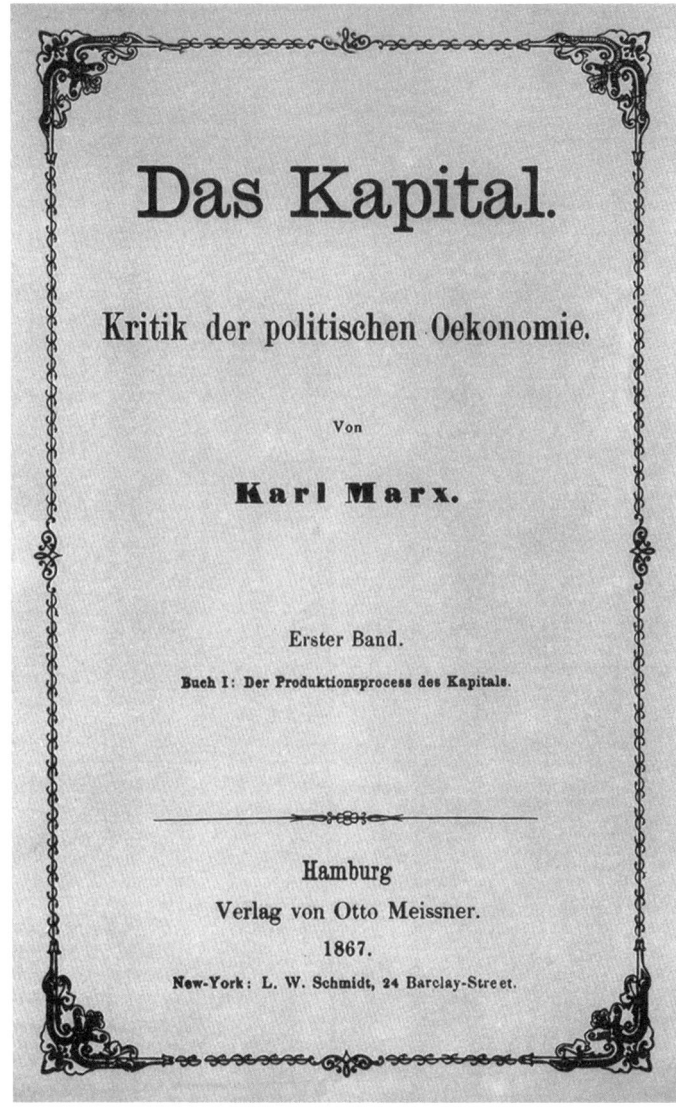

『자본론』 초판(1867)의 표지.

루이스 쿠겔만.

그가 이 책을 쓰면서 겪은 마음의 고통과 고난에 대해 많은 것들을 밝히는 은밀한 얘기를 쓸 수도 있어요.…… 만약 노동자들이 오로지 그들을 위해 또 그들의 이익을 도모하기 위해 씌어진 이 책이 탈고되기까지 얼마나 많은 희생이 치러졌는지를 안다면 그들은 아마도 이 책에 조금은 주의를 기울일 거예요.

파리 코뮌(1871)은 마르크스 부부에게 커다란 희망을 갖게 했고, 그것의 패배는 마찬가지로 큰 고통을 주었다. 마르크스와 예니는 친구들에게 보낸 편지에서 그에 관한 같은 생각을 같은 말과 같은 문구를 사용해서 자주 술회했다. 런던에서 인터내셔널의 (제2차) 협의회가 개체되었을 때(1871년 9월), 이미 병이 들어 램스게이트에서 요양하고 있던 예니는 남편이 그 협의회의 상황을 알려 주기를 이제나저제나 하고 기다렸다. 남편은 또 그것을 알리는 일을 잊지 않았다. 마르크스는 다음과 같이 썼다.

사랑하는 예니, 오늘에야 겨우 협의회가 끝났소. 고된 작업이었소. 회의는 아침부터 밤까지 계속되었는데, 그 사이에도 개별 위원회를 열거나 증언을 청취하고, 보고서를 작성하는 일 등은 하지 않으면 안 되었소. 그곳에서는 다른 어떤 회의 때보다 많은 문제들이 논의되었소. 청중이 없었기 때문이오. 청중이 있었다면 수사학적(修辭學的)인 희극을 연출해 보여야 했을 것이오. 독일의 대의원은 참석하지 않았소. 그리고 스위스의 대의원은 페레(Perret)와 우틴(Outine)뿐이었소.

지난 주 혁명당이 리치오티 가리발디(Ricciotti Garibaldi, 이탈리아 통일의 공로자인 주세페 가리발디의 차남―옮긴이)를 위해 로마에서 축하연을 베풀었는데, 로마의 신문《카피탈레(Capitale)》에 파리 코뮌 선언 (1871년 3월).

게재된 그에 관한 기사가 내 손에 들어왔어요. 그 기사에 따르면, 어떤 연설자(루치아니 씨)가 노동자 계급과 카를 마르크스에게 열렬한 건배를 하고, "마르크스는 피로를 모르는 노동자 계급의 봉사자가 되어 있다[Che(qui) ne(en) è fatto(a fait) l'instancabile instrumento(l'instrumento infatigable)]"[7]고 말했다고 합니다. 마치니[8]가 그 말을 들었다면 씁쓸하게 생각했을 것이오.

내가 죽었다는 뉴스가 퍼졌기 때문에 세계주의협회(Cosmopolitan Society)에서 집회가 열렸어요. 그곳에서 나온 결의문이 《월드(World)》지에 실렸기에 당신에게 보냅니다.

투시도 성 페테르부르크로부터 나를 염려하는 편지를 여러 통 받았다고 하오.

바쿠닌*의 친구이자 공동 모의자인 로뱅(Robin)과 바스텔리카(Bastelica)에 대한 투쟁은 가열찬 것이었소. 제네바와 파리에

• • •

7) 이탈리아 어의 불어 번역은 마르크스 자신이 한 것이다.
8) 이탈리아의 혁명가(1805~1872). 가리발디와 함께 이탈리아 통일에 크게 공헌했다. 망명한 뒤로는 국외에서 조국의 혁명운동을 기도했다. 1864년 국제노동자협회의 런던회의에 참석했으나, 마르크스, 바쿠닌 등과 의견이 맞지 않아 협회에서 탈퇴했다.
* 러시아의 사상가, 혁명적 무정부주의의 창시자(1814~1876). 독일, 스위스, 프랑스 등에서 혁명활동을 했다. 제1인터내셔널에 참가했으나 무정부주의를 주장하며 마르크스파와 대립하다가 제명당했다. 사후 출판된 『신(神)과 국가』는 나로드니키 사상을 형성하는 데 큰 영향을 주었다—옮긴이.

파리 코뮌의 패배 후 런던으로 망명한 프랑스 인들.

서 한 로뱅의 활약에 관해 밝혀진 뜻밖의 새 사실은 참으로 언어
도단인 것이었소. 사랑스런 (딸) 예니의 논설은 오늘 미국에 발
송했습니다.

　당신의 카를로부터

마르크스가 그의 '정치적' 분쟁의 경과를 시시각각으로 아내에게 알리고 있었다는 것은 흥미로운 일이다. 편지의 형식은 사적인 것이었으나 거기에 담겨져 있는 정보들의 성질은 일반적인 종류의 것이다. 예니는 언제나 그랬던 것처럼 마르크스에게는 여전히 협력자였다. 두 사람의 사랑이 어떤 고난 속에서도 변치 않고 계속될 수 있었던 주요한 이유 중 하나는 아마도 그 같은 '사상의 일치'였던 것으로 보인다.

1870년 이후, 마르크스 가족 생활의 물질적인 여러 조건은 결정적으로 개선되었다. 엥겔스는 두 번째 아내(반려자) 리지 번스(Lizzy Burns)[9]와 함께 마르크스 부부의 집 가까이로 이사와서 살았다. 젊은 라파르그 부부는 생계를 돕기 위해 사진과 판화작업장을 런던에 차렸다. 그러나 그 장사는 거의 생계에 보탬이 되지 못했기 때문에 예니는 사위 폴 라파르그가 아스클레피오스 영감[의신(醫神) 즉 의학—옮긴이]에게 충실하지 못했던 일을 아쉽게 생각했다. 큰딸 예니는 1872년 10월에 샤를 롱게와 결혼했다. 샤를은 옥스퍼드의 킹즈 칼리지 교수였고, 그의 아내 예니는 개인교수 노릇을 했다.

마르크스와 예니는 그들에게 더욱 무섭게 달려드는 질병에

• • •
9) 엥겔스의 첫 반려자인 메리 번스의 동생으로, 1878년에 사망했다.

엥겔스의 두 번째 부인 리디아 번스(일명 리지).

도 불구하고 비교적 행복한 노년을 보냈다. 예니는 70살에 가까웠으나 아직도 놀랄 만큼 아름다웠다. 긴 머리, 날씬한 몸매, 거의 주름살이 없는 얼굴로 그녀는 보기 드문 젊음을 간직하고 있었다. 1880년 무렵의 마르크스는 "긴 머리를 한 거친 말과 같은 건장한 노인"이 되어 있었다. 살아 있는 눈은 무겁게 드리워진 긴 눈썹 아래 "깊이 박혀 있었고," 얼굴은 "곱슬거리

는 수염에 감싸여 있었다." 10)

일요일에 마르크스와 엥겔스의 두 가족이 모여앉아 포도주라도 마실 때면 마르크스는 여자들과 춤추는 것을 망설이지 않았고, 엥겔스는 학생들의 노래를 즐겨 불렀다. 독일어나 영어로 된 노래였다.

그러나 1876년부터 예니는 중병에 걸려 있었다. 마르크스는 그 때문에 마음에 깊은 상처를 받았다. 그는 하고 싶었던 일들을 대부분 단념했다. 그리고 수학에 몰두함으로써 아내가 괴로워하는 모습을 보고 느끼는 고통을 간신히 잊을 수 있었다. 정신력이 강했던 그는 "고등수학에서 변증법적인 움직임이 가장 논리적이고도 가장 단순한 형태로 발견된다"11)면서 미적분에 관한 하나의 저술을 시도하기도 했다.

마르크스는 에피쿠로스가 그랬듯이 "죽음은 죽어가는 사람에게는 불행이 아니다. 그러나 뒤에 남은 사람에게는 불행이다"라고 늘 말했다. 아내의 죽음은 그에게 무서운 타격을 주었다.

마르크스는 숙명적으로 불가피한 결말을 각오하고 있었다.

• • •

10) 이 묘사는 제2인터내셔널의 영국인 지도자 중 한 사람인 헨리 하인드먼(Henry Hindman)의 회상록『어떤 모험적 생애의 기록(The record of an adventurous life)』(런던, 1911)에 나와 있는 것을 인용한 것이다(영국의 사회주의자인 헨리 하인드먼은 기자생활을 했으며, 사회민주당을 창립하여 그 지도자가 된다—옮긴이).
11) 폴 라파르그,『회상』.

1881년 6월 6일, 당시 남편 및 자녀들과 함께 아르장퇴유(파리 교외-옮긴이)에서 살고 있던 예니 롱게에게 보낸 편지에 그는 이렇게 썼다.

어머니에 대한 얘기다만, 그 병은 불치병이라는 것을 너도 알고 있겠지. 그리고 실제로 네 어머니는 날마다 쇠약해지고 있다.…… 네 어머니는 감탄할 만큼 버티고 있으나 파리에 간다는 것은 감히 생각할 수 없는 일이다.

마르크스는 라우라에게도 만사 제쳐 놓고라도 "어머니에게 편지를 써서 기쁨을 안겨 주라"고 부탁했다. 그러나 예니의 증상이 갑자기 좋아져서 마르크스 부부는 프랑스에 체류할 수 있게 되었다. 그 체류는 두 사람의 오랜 결혼생활의 마지막 날들을 밝게 비춰 주었다.
그러나 그런 소강상태도 길게 계속되지는 않았다. 1881년 12월 2일, 예니는 그렇게도 사랑해 왔던 사람의 이름을 부르며 영원히 눈을 감았다. 충실한 엥겔스는 예니의 묘 옆에서 고인을 기렸고, 그 헌신과 명예로운 생애를 칭송한 뒤 덧붙여 말했다.

남을 행복하게 해 주는 것을 나의 가장 큰 행복으로 여긴 여성이 일찍이 있었다고 한다면 그 사람은 바로 이분이었습니다.

마르크스의 첫째 딸 예니와 그녀의 남편 샤를 롱게(1870년대 초).

폴 라파르그는 그의 회상기에 다음과 같이 썼다.

반려자를 잃은 뒤의 마르크스의 생활은 육체적·정신적인 괴로움의 연속이었다. 그런데도 그는 그것을 의연히 견뎌 냈는데, 장녀인 롱게 부인이 죽자 그의 괴로움은 더욱 커졌다. 예니 롱게는 그녀의 어머니가 죽은 지 1년 남짓 뒤에 갑자기 세상을 떠났던 것이다. 마르크스는 좌절했고, 다시는 재기하지 못했다. 그는 1883년 3월 14일, 늘 작업하던 책상 위에 엎드린 채 숨을 거두었다. 그의 나이 65살이었다.

그 65년의 생애 중, 예니에 대한 사랑은 몇 번의 부침이 있었지만 47년 동안 계속되었다.

1881년 12월 7일, 마르크스는 딸 예니에게 이렇게 썼다.

사랑하는 귀여운 예니,
지금 나에겐 긴 편지를 쓸 마음의 여유가 없다. 따라서 오늘은 몇 줄밖에 쓰지 못할 것 같구나. 그리 알아주기 바란다. 나는 아직 병실을 떠날 수 없는 상태다. 의사들은 그날 내가 장례식에 참석하는 것은 절대 안 된다고 했다. 내가 의사들의 말에 복종한 것은, 돌아가신 네 어머니가 눈을 감기 하루 전에 어떤 의식에 불참하는 데 대한 이야기를 하다가 간호사에게 '우리는 그렇게 외적인 것에 구애되는 사람은 아니니까'라고 말한 것을 들었기 때문이기도 했다.
지금 나는 행복했던 옛 시절들을 떠올리고 있다. 여러 가지 염려가 있었음에도 파리 여행을 감행한 것을 생각하노라니 그

만년의 예니 마르크스. 그녀는 1881년 12월 런던에서 숨졌다.

렇다. 우리들의 '잊을 수 없는' 어머니가 너와 네 아이들과 함께 지냈던 바로 그 순간들 때문만은 아니다.…… 병중의 네 어머니와 함께 지냈던 마지막 시간 내내 나는 그 순간들을 또다시 체험할 수 있었다. 설령 그 시기에 너나 네 아이들이 어머니의 눈앞에 있었다고 하더라도, 어머니가 마음속으로 너희들의 모습을 생각하고 슬픔을 풀었던 것만큼 어머니의 슬픔을 풀어 드리지

만년의 마르크스(64살). 사망하기 1년 전인 1882년 2월 알제리의 알제에서 찍은 사진.

는 못했을 것이다. 어머니의 묘는 사랑스러웠던 샤를(예니 롱게의 아들 샤를 롱게—옮긴이)의 묘 가까이에 있다.

네 어머니의 힘이 그런대로 적당한 때에 다했다는 것을 생각하면 내 마음이 덜 쓰리다. 종양의—이동성 종양의—위치가 좋았던 덕택에 (그것은 꽤 드문 일이라고 하더라만) 참으로 그 병(간암—옮긴이)의 특징인 견디기 어려운 통증이 나타난 것은 바로

만년의 엥겔스(71살).

최후의 며칠 동안에 지나지 않았다. 그리고 그 통증도 의사가 마지막 고비를 위해 사용을 억제해 왔던 모르핀 주사 때문에 많이 가셔졌다. 그도 그럴 것이 모르핀 주사도 오래 맞게 되면 효과가 없어진다고 하더구나. 돈킨 박사가 내게 미리 말한 대로, 그 질병의 진행은 노쇠처럼 전신적인 쇠약의 성격을 띠기에 이르렀었다. 마지막 순간에 죽음과의 사투는 없었고 오로지 잠을 자는 마르크스의 죽음을 슬퍼하는 엥겔스의 조사 원고.

듯했는데, 네 어머니의 눈은 어느 때보다도 컸고 어느 때보다도 아름다웠으며 어느 때보다도 빛났다.

카를 마르크스는 그 뒤 절망적인 생애의 마지막 몇 달을 예니를 회상하면서 지냈다. 그의 남은 딸들과 친구들이 기후가 더 좋은 나라에 가서 요양해야 한다고 강력하게 요구하자 그는 남프랑스와 알제리로 갔다. 1882년 5월 1일 엥겔스에게 보낸 다음의 편지는 알제에서 부친 것이다.

자네도 알고 있는 바와 같이, 모든 과장된 감정의 표현을 나만큼 쑥스럽게 생각하는 사람도 별로 없을 걸세. 그러나 지금 내 생각이 거의 모두 아내에 대한 생각으로 채워져 있다는 것을 내가 만약 부정한다면, 그것은 자네에게 거짓말을 하는 것이 될 걸세. 나는 내 생애의 가장 좋은 세월을 아내와 함께 지내지 않았던가?

이 편지야말로 카를 마르크스의 마지막 사랑의 고백이라 할 수 있을 것이다.

런던 하이게이트에 있는 마르크스의 묘비. 마르크스는 1883년 3월 14일 런던에서 숨졌다.

주요 인물들 연표

1814년 2월 12일	예니 폰 베스트팔렌(Jenny von Westphalen), 잘츠베델에서 태어나다.
1818년 5월 5일	카를 마르크스(Karl Marx), 트리어에서 태어나다.
1820년 11월 28일	프리드리히 엥겔스(Friedrich Engels), 발멘에서 태어나다.
1823년 1월 1일	헬레나 데무트(Helena Demuth) 태어나다.
1835년	마르크스와 예니, 비밀리에 약혼하다.
1836년 10월	마르크스, 베를린으로 가다.
1838년 5월 10일	마르크스의 아버지 사망하다.
1841년 3월 30일	마르크스, 공부를 마치고 트리어로 돌아오다.
7월	마르크스, 본에 정착하다.
1842년 4월	마르크스, 《라인신문》에 협력하기 시작하다.
10월	《라인신문》의 편집장이 되다. 엥겔스와 처음으로 만나다.
1843년 3월 17일	마르크스, 《라인신문》을 떠나다.
6월 19일	마르크스와 예니, 결혼하다.
10월 말	마르크스 부부, 파리로 떠나다.
12월 말	마르크스 부부, 하이네와 알게 되다.
1844년 5월 1일	마르크스의 장녀, 예니 마르크스(Jenny Marx) 태어나다.

1844년 8월 28일		마르크스와 엥겔스 재회하다. 두 사람의 우정과 협력이 시작되다.
1845년 2월 3일		마르크스, 파리에서 추방당해 브뤼셀로 옮겨 가다. 뒤이어 가족도 따라가다.
	4월	헬레나 데무트, 브뤼셀로 오다.
	9월 26일	둘째 딸, 라우라 마르크스(Laura Marx) 태이나다.
1846년 12월		첫째 아들, 에드가르 마르크스(Edgar Marx) 태어나다.
1848년 2월		『공산당 선언』을 런던에서 발표하다.
	3월 4일	《신(新)라인신문》이 창간되다. 마르크스는 편집장, 엥겔스는 편집자로 취임하다(종간호는 1849년 5월 19일).
1849년 8월 26일		마르크스, 프랑스에서 쫓겨나 런던에 정착하다.
	9월 17일	가족도 런던으로 따라가다.
	11월 5일	둘째 아들, 기도 마르크스(Guido Marx) 태어나다.
1850년 11월 19일		기도 마르크스 사망하다.
1851년 3월 28일		셋째 딸, 프란치스카 마르크스(Franziska Marx) 태어나다.
	6월 23일	프리드리히 데무트(Friedrich Dumuth) 태어나다.
1852년 4월 14일		프란치스카 마르크스 사망하다.
1855년 1월 16일		넷째 딸, 엘레아너 마르크스(Eleanor Marx) 태어나다.
	4월 6일	에드가르 마르크스 사망하다.
1863년 11월 30일		마르크스의 어머니 사망하다.
1864년 9월 28일		제1인터내셔널이 창립되다.
1867년 4월		마르크스, 함부르크의 출판업자에게 『자본론』 제1권의 원고를 넘기다.
	9월 14일	『자본론』 제1권 간행되다.
1868년 4월 2일		라우라와 폴 라파르그(Paul Lafargue), 결혼하다.

1870년 9월	엥겔스, 런던에 정착하다.
1872년 10월 10일	장녀 예니와 샤를 롱게(Charle Longuet), 결혼하다.
1881년 7월 26일 ~8월 16일	마르크스 부부, 아르장퇴유에 있는 장녀 예니의 집에 머무르다.
12월 2일	예니 마르크스 사망하다.
1883년 1월 11일	예니 롱게 사망하다.
3월 14일	카를 마르크스, 런던에서 사망하다.
3월 17일	카를 마르크스, 하이게이트 묘지에 묻히다.
1890년 11월 4일	헬레나 데무트 사망하다.
1895년 8월 5일	프리드리히 엥겔스 사망하다.

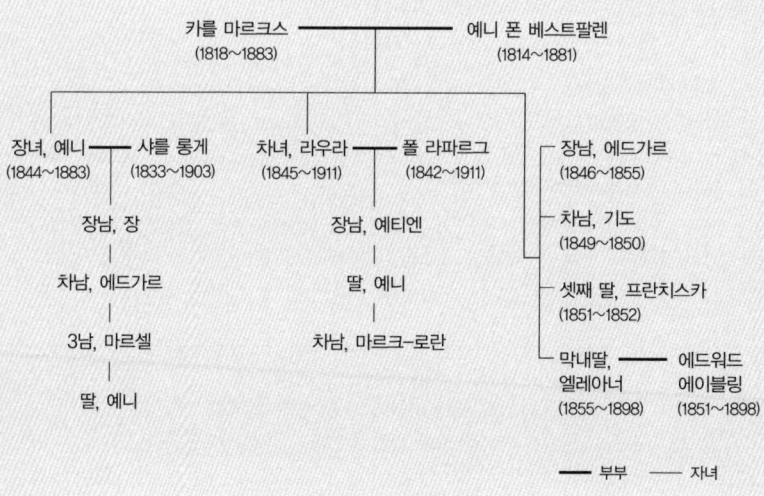

〈카를 마르크스 가계도〉

주요 인물들 연표

참고문헌

A. 루드니코프(A. Roudnikov) · R. 로도프(R. Rodov), 『마르크스-엥겔스의 추억(Souvenirs sur Marx et Engels)』, 모스크바(1958년).

B. 니콜라옙스키(B. Nicolaïevski) · O. 멘헨-헬펜(O. Maenchen-Helfen), 『카를 마르크스의 생애: 인간과 투사(La Vie de Karl Marx: L' Homme et le Lutteur)』, 갈리마르 출판사(1937, 1970년).

D. 리야자노프(D. Riazanov), 『마르크스와 엥겔스(Marx et Engels)』, 국제사회출판사, 파리(1927년).

로버트 페인(Robert Payne), 『마르크스(Marx)』, W. A. 앨런 출판사, 런던(1968년).

루이제 도르네만(Luise Dornemann), 『예니 마르크스(Jenny Marx)』, 디츠 출판사, 베를린(1968년).

룩 좀메르하우젠(Luc Sommerhausen), 『카를 마르크스의 행동적 휴머니즘(L' Humanisme agissant de Karl Marx)』, 리샤르 마스 출판사, 파리(1946년). 이 책은 마르크스 일가의 벨기에 생활을 아는 데 특히 중요한 참고자료이다.

『마르크스: 동료들의 추억에 의한 전기(Marx: Biographie faite des souvenirs de ses compagnons)』, 문두스 출판사, 바젤(1946년).

『마르크스-엥겔스 서한집(Correspondance de Marx et Engels)』, 코스트 출판사, 파리(1947년).

『마르크스-엥겔스 전집(Marx-Engels Werke)』, 디츠 출판사, 베를린(1956년).

모리스 토레즈 연구소 소장 문서(파리).

베르너 블루멘베르크(Werner Blumenberg), 「마르크스 생애의 알려지지 않은 일장(一章): 네덜란드 친척들에게 보낸 편지(Ein unbekanntes Kapitel aus Marx' Leben. Briefe an die holländischen Verwandten)」, 『사회사 국제평론(International Revue of Social History)』 제1권 수록, 암스테르담(1956년).

베르너 블루멘베르크, 『자기증명과 초상(肖像) 기록에 의한 마르크스(Marx in Selbstzeugnisse und Bilddokumenten)』, 로볼트 출판사, 함부르크(1962년).

베를린의 마르크스-레닌주의 연구소 소장 문서.

벨기에 경찰국 소장 문서(브뤼셀).

사회사(史) 국제연구소의 마르크스-엥겔스 문서(암스테르담).

『서한에 나타난 마르크스의 가정(Famille Marx in Briefen)』, 디츠 출판사, 베를린(1966년).

오귀스트 코르뉘(Auguste Cornu), 『카를 마르크스: 인간과 작품(Karl Marx: l'homme et l'œuvre)』, 펠릭스 알칸 출판사(1934년) 및 PUF(1958~1962년).

잘츠베델 시(市) 관계문서[요한-프리드리히 다나일(Johann-Friedrich Danneil) 박물관 및 성(聖)마리아 교회 소장].

카를 마르크스-프리드리히 엥겔스(MEGA), 『역사적 비판적 전집(Historische-Kritische Gesamtausgabe)』, 프랑크푸르트(1927년).

『카를 마르크스와 예니: 하나의 생활방식(Karl und Jenny Marx. Ein Lebensweg)』, 베를린(1933년).

『카를 마르크스의 편지와 기록(Lettres et documents de Karl Marx)』, E. 보티젤리(E. Bottigelli)에 의해 《G. 펠트리넬리 연구소 연보(Annali dell' Istituto G. Feltrinelli)》, 밀라노(1958년) 및 《사상(La Pensée)》, 제74, 75호(1957년)에서 발표.

트리어 시립연구소 소장 문서.

폴 라파르그(Paul Lafargue)·빌헬름 리프크네히트(Wilhelm Liebknecht), 『마르크스의 회상(Souvenirs sur Marx)』, 공산당출판국, 파리(1935년).

프란츠 메링(Franz Mehring), 『카를 마르크스: 그의 생애(Karl Marx: Geschichte seines Lebens)』, 전집 제3권, 디츠 출판사, 베를린(1960년).

프란츠 메링 편(編), 『마르크스, 엥겔스 및 라살 유고(Aus dem literarischen Nachlass von Karl Marx, Friedrich Engels und Ferdinand Lassalle)』, 디츠 출판사, 슈투트가르트(1902년).

하인리히 겜코프(Heinrich Gemkov) 외, 『카를 마르크스 전기(Karl Marx: eine Biographie)』, 디츠 출판사, 베를린(1967년).

옮긴이의 말

 마르크스가 사상가로서 온 세계를 흔들어 세상을 크게 바꾸어 놓았다는 것은 그의 적들도 인정할 만큼 의문의 여지가 없다. 그래서 그의 사상은 수많은 저술을 통해 널리 알려져 있다. 그러나 이와는 대조적으로 그의 구체적인 삶, 즉 그의 인간적인 삶의 모습은 잘 알려져 있지 않다. 한 사상가의 전체 모습은 그의 사상과 더불어 그가 산 시대의 역사적 현실과 그가 살아온 삶이 온전하게 결합되어야만 올바로 파악될 수 있다.
 이 책은 제목이 말해 주는 대로 마르크스의 '사랑의 삶(la vie amoureuse)'을 주로 다루고 있다. 마르크스와 부인 간의 사랑을 주제로 하고 있지만, 여기에서 그치지 않고 그것을 확장하여 딸을 지극히 사랑하는 아버지로서의 사랑을 아주 소상하게 들려준다.
 그렇다고 해서 이 책이 가정생활을 다루고 있는 것만은 아니다. 마르크스가 살던 시대가 어떤 시대였는지, 왜 조국에서 추방당해 거듭 박해를 받으며 쫓겨 다니는 망명생활을 계속해야 했는지, 그 지독한 가난과 질병 속에서 어떻게 역경을 헤쳐 나가면서 저술활동과 투쟁을 계속했는지 등을 기록영화를 보는 것처럼 보여 준다.

이 책을 보면 마르크스가 어느 정도로 '돈'의 박해를 받으며 '돈'에 관한 책(『자본론』)을 썼는지를 실감할 수 있다. 예컨대 이 책에 나오는 다음과 같은 대목이 그것을 잘 말해 준다.

"친애하는 엥겔스 님, 돈에 관한 일로 편지를 써야 한다는 것은 참으로 쓰라린 일입니다. 당신은 지금까지 우리를 여러 차례 도와주셨어요. 그런데 우리는 지금 또 막다른 골목에 몰려 있답니다.…… 우리에게 얼마쯤 보내줄 수 없을는지요? 빵 가게도 금요일 이후에는 외상으로 빵을 줄 수 없다고 말하고 있는 실정입니다. 어제는 작은 무슈(마르크스의 아들 에드가르)가 또다시 곤란한 지경을 모면케 해 주었답니다. 빵 가게 주인이 '마르크스 씨 집에 계시니?' 하고 묻자 무슈는 '아니요, 안 계세요'라고 대답했대요. 그러고 나서 빵 세 개를 팔로 안아 들고는 줄달음을 쳤다고 합니다.……"

"자식이 없었으면 나는 자살했을 것"이라고 엥겔스에게 썼을 만큼 마르크스의 망명생활은 고난의 연속이었다는 것을 이 책은 너무나 잘 보여 주고 있다. 부인, 자녀, 친구 들과 나눈 편지와, 여러 신문과 잡지에 실린 글 등의 자료들을 풍부하게 동원하여 잘 알려지지 않았던 마르크스의 처절한 비화들을 들려준다. 격동하는 시대에 서로 도우며 고통을 함께 이겨 나가는 마르크스와 동지들 간의 헌신적인 연대도 감동적이다.

번역 대본으로는 피에르 뒤랑(Pierre Durand)의 *La vie amoureuse de Karl Marx*(Julliard, 1970)를 사용했으며, 이를 완역(完譯)했다. 독자들에게 도움이 될까 하여 옮긴이 주(註)를 보탰다.

옮긴이

옮긴이 **신대범**

한국외국어대학교 프랑스어과를 졸업했다. 지금은 캐나다의 토론토에 살고 있다.

마르크스의 사랑

1판 1쇄 인쇄 2013년 1월 25일
1판 1쇄 발행 2013년 1월 30일

지은이 | 피에르 뒤랑
옮긴이 | 신대범
펴낸이 | 조추자
펴낸곳 | 도서출판 두레
등 록 | 1978년 8월 17일 제1-101호
주 소 | 서울시 마포구 공덕1동 105-225
전 화 | 02)702-2119, 703-8781
팩 스 | 02)715-9420
이메일 | dourei@chol.com
블로그 | blog.naver.com/dourei

ISBN 978-89-7443-096-2 03300

* 책값은 뒤표지에 적혀 있습니다. 잘못 만들어진 책은 구입처에서 바꾸어 드립니다.

이 도서의 국립중앙도서관 출판시도서목록(CIP)은 e-CIP홈페이지(http://www.nl.go.kr/ecip)와 국가자료공동목록시스템(http://www.nl.go.kr/kolisnet)에서 이용하실 수 있습니다.(CIP제어번호: CIP2013000110)